徳と市場

〈普及版〉

折原　裕

Virtues and the Market

Yutaka Orihara

CHOEISHA

はしがき

本書は、二〇一九年三月に白桃書房から刊行した『徳と市場』の第一部を省略し、第二部だけを一書として再構成したものである。

白桃書房版『徳と市場』の第一部では、徳と市場との関連が、経済学の歴史の中でどのように取り扱われてきたかを検討した。やや専門色が濃く、また第二部を理解するのに不可欠でもないので、本書では省略した。

さらに、この「普及版」では、原語の挿入や原語での注記をできるだけ省いて、読みやすさ本位を努めた。こうした点に物足りなさを感じられる向きは、白桃書房版をご覧いただきたい。

本書では、徳と市場との関連を考えるに当たり、勇気なら勇気、正義なら正義という、徳目のひとつひとつについて、市場が及ぼす影響を考えることにする。これまで行なわれてきた徳と市場との関連についての考察は、徳一般と市場との関連についての考察であった。
そうした考察においては、おそらく漠然と正義という徳目が、徳の代表としてイメージされていたであろう。しかし、そうした漠然としたイメージでは、徳と市場との関連を十分に考察することは困難である。

徳というものは、個別の徳目として見るなら、別の徳目と相反する場合もある。たとえば、罪を犯した親しい友人を官憲からかくまうとすると、それは友愛という徳のために正義という徳を捨てるということであり、この場合友愛と正義とが相反するのである。徳一般という概念によっていては、このような徳のダイナミズムを把握できない。

個々の徳目について考察することは、徳の具体的なありようを考察することにつながり、徳と市場との関連もそうした徳の具体的な考察を経て、より明らかになることが期待されるのである。

二〇一九年 七月

徳と市場〈普及版〉　目次

第一章　慎慮と市場

1

慎慮（あるいは思慮、あるいは熟慮、など）について、エピクロスは、次のように考える。

エピクロスによれば、行為の目的は快であり、それゆえ、欲望の充足こそ善である。ただし、欲望には自然的なものと無駄なものがあり、また、必須なものとそうでないものがある。さらにまた、今の小さな快が後々大きな苦しみをもたらしたり、逆に今の小さな苦しみが後々大きな快をもたらしたり、ということもありうる。だから、「われわれはそれぞれを測り比べ、利益と損失を顧慮することによって、これらすべての快と苦しみを判別しなければならない。[一]」

ここだけ読むと、経済学のミクロ理論における効用の話のようでもある。だが、少し違う。

エピクロスが続けて言うには、目的としての快は、道楽者の快ではない。「肉体において苦しみのないことと霊魂において乱されないこと[二]」すなわち、「心境の平静（アタラクシア）[三]」が目的としての快である。「快の生活を生み出すものは、つづけざまの飲酒や宴会騒ぎでもなければ……かえって、しらふの思考が……しらふの思考こそが、快の生活を生み出すのである。[四]」

そして、そうした心境の平静としての快を求める中で、要の位置を占めるのが慎慮なのである。

「最大の善であるのは、思慮（プロネーシス）である。……思慮からこそ、残りの徳のすべては由来しているのであり、かつ、思慮は、思慮ぶかく美しく正しく生きることなしには快く生きることもできず、快く生きることなしには思慮ぶかく美しく正しく生きることもできないと教えるのである。[五]」

つまり、慎慮が徳でありうるのは、それが他の徳と結び付いて、心境の平静という快に近づく限りにおいてである。だから、慎慮は、単なる快の量的な増大に奉仕するものではなく、したがってまた、効用の増大を目指すものでもない。慎慮は、それだけで徳をなすことはできないのである。

アリストテレスは、慎慮について、次のように考える。

客観的に異論の余地のない法則的な事柄は、慎慮の対象にはならない。幾何学の定理について思案する者はいないし、運動の中にあっても、夏至・冬至の到来のように、規則的に生起する事象について、思案する者はいない。また、偶然的な事象であっても、旱魃や大雨のように、人間の力を越えて生起するものについて、思案する者はいない。「なぜなら、こうしたことはどれも、われわれによっては引き起こされえないことだからである。／つまり、われわれが思案するのは、『われわれ次第のもの』、われわれによって行為されうるものをめぐってである。[六]」

だから、慎慮の対象は「たとえば、医術や貨殖術（クレマティスティケー）に基づいた事柄に関して[七]」であり、「ためらいを覚える[八]」事柄であり、「どのような結果になるか見通せず、然るべき行為の仕方が不確定な[九]」事柄であることになる。

アリストテレスは、慎慮は、法則的な頼り甲斐もなく、また、人間の思い通りにはならないことどもに関わる、ということを強調している。

さらに、アリストテレスは、こう言う。

「熟慮（エウブーリアー）は学的理解ではない。なぜなら、人はすでに知っている事柄を探究しないが、熟慮は思案の一種であり、思案する者は探究を行い、推理を働かせるからである。／だがしかし、熟慮は勘のよさでもない。なぜなら、勘の良さは理りに欠け、何か素早いところがあるが、思案には長い時間を要するのであって、このため……思案は慎重に行うべきだと、人は言うのである。[一〇]」

慎慮は、知識ではないし、察しの良さとも違う。長い時間をかけて思案をめぐらし、結論に達する。「熟慮とは、思案の正しさの一種である[11]」が、その正しさは、結論の正しさとは異なる。結論の正しさなら、それは知識や察しの良さと結び付くが、慎慮は違う。

推理が正しくとも、正しい結論に到達できない場合もある。「無抑制な者や卑劣な者は、予め設定した事柄に推理を働かせて到達するという点で、結果的に正しく思案し終えたわけだが、得たものは大いなる災厄だからである[12]」といった事態もありうる。「上手く思案し終えたというのは、何れにせよ何か善なる事柄[13]」に関わるものでなければならない。「こうした思案の正しさこそ熟慮であり、その正しさは善を手に入れるという点にある。[14]」

逆に、推理が正しくなくとも、正しい結論に到達する場合もある。「この善を手に入れるということなら、虚偽の推論によってでも可能であって、もたらすべき結果は手に入れるが、然るべき手段を通してではなく、その中項が虚偽である場合がある。[15]」こういう場合も「熟慮であるとは言えない。[16]」

さらにまた、「思案して結果を手に入れるのに、長い時間かかる者もいれば、素早い者もいる[17]」という事情も加わる。そこで、アリストテレスは、次のように帰結する。「上手く思案し終えるということが思慮ある人の特徴だとすれば、熟慮とは、思慮（プロネーシス）がそれについて真なる判断を下した目的に向けた有益さに基づく正しさである。[18]」

アリストテレスにおいては、慎慮は、過程に重点が置かれるが、正しい結論、適切な時間の経過、も求められている。

そしてまた、これらの慎慮の性質が、つまり、法則的でないこと、人間次第の事柄にかかわること、迷いながら正しく思考し、正しい結論に導かれるべきこと、等々が、慎慮の困難さと偉大さに結び付く。結局のところ、アリストテレスの場合も、慎慮は、他の諸々の徳とあいまって、人を徳の実現へと近づけるものなのである。「思慮を欠いては本来の意味で善き人であることは不可能であり、また性格における徳を欠いて思慮ある人であることも不可能」[一九]ということなのだ。

アダム・スミスは、『道徳感情論』で、慎慮について次のように述べる。

「慎慮ある人（prudent man）はつねに、かれの勤勉と質素の堅固さにおいて、かれが堅固に現在の瞬間の安楽と享受を、もっと遠いがもっと継続する時期の、さらに大きな安楽と享受にたいする有望な期待の犠牲にしていることにおいて、中立的な観察者および中立的な観察者の代理である胸中の人の、完全な明確な是認によって支持されるとともに報償される。[二〇]」

アダム・スミスの場合、心の中の公平な（あるいは中立的な）観察者が道徳論の要となる。観察者の同感による是認の繰り返しが、経験的な道徳基準としての公平な観察者を心の中に育てる、というのがスミス道徳論の基本構成である。

それはともかく、上の引用だけ見るなら、慎慮は、安楽と享受とに結び付いており、一見、効用に置き換えうる話かとも思える。が、やはり、少し違うのである。

スミスによれば、上の引用のように、慎慮ある人は、勤勉・質素に生活し、わずかずつではあるけれど貯えを増やしていき、やがては勤勉・質素の度合いをゆるめて、安楽と享受を増大させることができるだろう。人は、こうした安楽と享受の増大に、かつてそれらの欠如に耐えたがゆえに、二重の満足を感じる。このような境遇では、人は、快適な境遇を変えたいとは思わないし、新しい事業や冒険に乗り出すこともしない。

また、「慎慮ある人は、かれの義務がかれに課するのではないどんな責任にも、すすんで自己を服させようとはしない。かれは、自分がなんの関係もない業務におお騒ぎをしないし、他の人びととの事柄に介入しないし、だれも求めないばあいに自分の忠告をおしつける、自称相談相手あるいは忠告者ではない。[二二]」

要するに、でしゃばらないし、政治的にふるまったりしないのである。だから、逆に言うなら、慎慮だけでは、あまり大したことにはならない。慎慮それだけでは、徳は深まらないのである。

そこで、スミスはこう言うことになる。「ようするに、慎慮（prudence）は、たんに、その個人の健康について、財産について、身分と評判についての、配慮にむけられるばあいには、ひじょうに尊敬すべき資質とみなされ、ある程度は愛すべく快適な資質とさえみなされるにせよ、それでもけっして、諸徳のなかで、もっとも心をひきつけるものであるとも、もっとも高貴にするものであるとも、みなされないのである。それは、一定の冷静な尊重を獲得するが、なにかひじょうに熱烈な愛情または感嘆をうける権利をもつとは思われない。[二二]」

スミスの場合も、慎慮は、他の徳と結び付いてこその慎慮である。「賢明で分別ある行動は、その個人の健康、財産、身分、評判についての配慮よりも、偉大で高貴な諸目的にむけられるばあいには、しばしば、そしてひじょうに適切に、慎慮とよばれる。[二三]」

スミスの場合、ひとまず経済生活に注意が払われるにせよ、結局のところは、エピクロスやアリストテレスと同様、他の徳と結び付かないと、慎慮は真価を発揮できないことになる。（ただし、スミス自身は、エピクロス的な慎慮は「下級の慎慮」であり、プラトン、アリストテレス的な慎慮こそが上級の慎慮である、と受け止めているようである。[二四]）

2

慎慮の徳につき、エピクロス、アリストテレス、アダム・スミスの見解を見てきたのであるが、三者に共通なのは、慎慮には、二つの階梯があるということである。

第一、快を得るために利益と損失を顧慮し（エピクロス）、たとえば金もうけのためによく思案をめぐらし（アリストテレス）、大きな安楽と享受のために勤勉と質素につとめる（スミス）という階梯。第二に、美しく正しく快く生きるため（エピクロス）、器量ある善い人になるため（アリストテレス）、偉大で高貴な諸目的に向けられる（スミス）という階梯である。

第二の階梯は、少し措くとして、第一の階梯に話をせばめるとすれば、慎慮という徳は、市場になじみが良い徳のように思われる。スミスが言うように、目先の快楽に急ぐことなく、将来を見据え、堅実な道をゆっくり歩むように、そういう選択を行なうことは、いつの時代でも重要であろう。その重要さは、市場があっても変わらない。

たとえば、商品の売り手が、自分が市場に展示した商品群の中にささいな瑕疵のある商品を見つけたとしよう。この不良品は、当該商品の売り手である自分のような専門家でなければ、まず発見できないとする。そうであるなら、売り手は、不良品をわざと見逃し、口を拭っていても、とりあえずは差支えない。その方が、仕入れの費用を無駄にすることなく、利益を手にできる。不良品を取り除くとすると、仕入れ費用のなにがしかは無駄になり、利益は減少する。しかし、そこで慎慮が働くならば、もし万が一不良品が発覚した場合の、大きな危険を思い浮かべざるをえない。その際、売り手の信用は損なわれ、悪くすると、廃業に追い込まれるかも知れない。だから、このような場合、売り手は、たぶんいくらかの逡巡を伴ないながらも、不良品を排除する。利益はやや減少するが、商売は順調に続いてゆく。もちろん、不良の性質によって話は違ってくる。生のアサリをひと山いくらで売っているのであれば、死んだ貝がまま含まれるのは止むを得ないことであり、買い手の方もそれを先刻承知であろうから、いくばくかの不良品に神経質になることはない。ところが、高価な天然真珠の首飾りを売っているのであれば、出来損ないの真珠がひとつ混じっているだけで、大問題になる可能性がある。

だから、慎慮を働かせて不良品を除くべきかどうかを含めて、慎慮が働かなくてはならない。いつでも馬鹿正直に不良品を撲滅しようというのは、たぶん他の動機（たとえば神経症など）に突き動かされていて、むしろ慎慮の入る余地がないのである。

ただし、この不良品の例で、売り手が不良品を取り除くのは、売り手の利己心が動機である点に注意が必要である。売り手は、自分の商売の存続のために不良品を取り除くのであって、この不良品を買うことになる買い手の迷惑を考えてのことではない。（買い手の迷惑を考えれば、なおさら不良品を取り除かねばならないことになるが、それには慎慮以外の徳が働かねばならない。）

ここでの観点は、スミス『国富論』の分業論にある有名な記述の観点と重なると見てよいだろう。そこでは次のように言われている。「われわれが夕食を期待するのは、肉屋や酒屋やパン屋の博愛からではなく、彼ら自身の利害関心からである。われわれが呼びかけるのは、彼らの人類愛にたいしてではなく、自愛心にたいしてであり、われわれが彼らに語るのは、われわれ自身の必要についてではなく、彼ら自身の利益についてである[二五]。」つまり、スミスはここで、肉屋や酒屋やパン屋が生業に励むのは、お客のためではなく、自分の利益のためなのであるが、それが結果として、社会的分業の成果を各人が分け合うことにつながる、という事情を述べているわけである。自分の利益のためという動機が市場を通じて社会全体の利益をもたらすという、自由主義経済学の基本理念がここにはある。

話変わって、証券市場で株式を買おうとしている、買い手の場合はどうだろう。株の素人であり、初めて株を買おうとしているのだとしよう。彼が、慎慮を欠けば、たちまち元手を失なう可能性が高い。そのことはあらかじめ予想できるから、彼は、株式売買に関する本を何冊も読むなど、知識の拡充に努めるだろう。また、専門家のアドバイスを受けるなどするかも知れない。

もし、彼が迷った末、自分自身で株を売買するリスクを回避するため、誰か玄人に売買を委託してしまうとすれば、売買を委託するというのが慎慮の結果であり、そこで彼の慎慮は終わる。

だが、あくまで自分自身で株を売買するのであれば、ある銘柄をある価格で買うと決め、実際に株を買い付けても、そこで話は終わらない。今度は、買い付けた株をいつどんな価格で売るのか、という問題が発生するからである。

この例は、人生とよく似ている。ひとつ山を越すと次の山が現われ、次の山を越えても、また次の山が現われる、という風に、人生は取り組むべき問題の連続でできている。人生に踏むべき段階があるからだけではなく、ひとつの問題を解決すると、それまで見えていなかった問題が見えてくるということがあるからだ。お金さえあればと思っていても、お金があるようになるとそれまで見えていなかった子供の教育上の問題が目に入るようになり、その問題を片付けると妻の心の問題が見えてきたりするわけである。

話戻って、株の買い手の例では、利益が目的であっても、思案が尽きないという点では、慎慮の性質が簡単ではない。だから、利益が目的だからと言って、慎慮の性質が簡単になるわけではない。(利益だけが目的という点では簡単なのではあるが。)

もちろん、利益が目的ではなく、人生の岐路というような問題を前にしたとき、慎慮は複雑になり、慎慮という言葉にふさわしいものになる。たとえば、職業を選択したり、配偶者を決めたり、という事態である。

少しひねくれて、そうした人生の岐路的問題に、もっぱら金銭的関心から対処する、という人があったら、どうだろう。職業の選択をもっぱら金銭的関心から行なうというのは、ありそうである。その人の場合、話はやや簡単になるが、慎慮自体は簡単にはなりそうもない。ある職業を選ぶとして、その職業からの収入を計算するには、遠い将来まで見据えるならば、その職業の消長まで予測しなければならなくなる。自動車会社が給料が良いからこれを選ぶとしても、将来とも自動車会社が高賃銀であるかは不明である。悪くすると将来自動車会社はなくなっているかも知れない。

だから、人生の岐路的問題に、金銭的関心のみで対処するという変わった人の場合ですら、それほど簡単ではない。したがって、普通の人が職業選択を行なうとなると、慎慮は、とても複雑になるだろう。

金銭的関心のみではないにせよ、職業選択をもっぱら利己的に行なうということもありうるだろう。たとえば、大学の教員になりたいという希望は、義務が少なく、好きな読書などに専念できるであろう、という利己的な予測からだけでも選択しうる。その場合、金銭的関心ではないけれども、大学教員という職業の効用が選択の鍵となっている点で、慎慮はいくぶん単純化しているだろう。

慎慮がより複雑になるのは、自分を育ててくれた社会に恩返しするため社会に役に立つ職業に就きたい、というような言わばめんどうな希望が職業選択に働く場合であろう。このような希望が職業選択の中心に置かれると、社会に役に立つとはどういうことか考えねばならず、思い描く社会に役に立つ職業がなかなかなれそうもない職業であった場合、自分の適性についても慎重に考慮しなければならない。慎慮の課題は数多く、また深くもなるだろう。逆に言うと、考え甲斐のある問題がそこにはある。これは、先述した、慎慮の第二の階梯に関わる問題であることになる。

慎慮の第一の階梯に話を戻して、配偶者の選択についても、たとえば金銭的関心のみでそれを行なうということもあるかも知れず、だとすれば、それは職業の選択を金銭的関心のみで行なうと同じく、慎慮は簡単になる。金銭的関心に代えて、もっぱら美的関心のみで行なうとしても、同様である。

配偶者の選択につき、候補者の人格や、候補者を育てた家庭のあり方など、通常配慮されるような関心で行なう場合、もっぱら利己的な動機から行なう場合でも、慎慮はかなり複雑になるだろう。

慎慮の第一の階梯につき、あれこれ考えてきたわけだが、この階梯に限れば、やはり慎慮は市場となじみが良い徳のように思われる。株式を買う場合のように、慎慮が複雑化するとしても、慎慮が困難になるほどではないだろう。職業の選択の場合も、それを利己的な動機から行なうのであれば、慎慮はさほど複雑化しない。配偶者の選択の場合は、慎慮はかなり複雑化するだろうが、動機が利己的であるなら、慎慮が困難に陥ることはないだろう。

市場がないという条件下と市場がある（一般化している）という条件下で、慎慮が違ってくることは間違いない。市場がない条件下で配偶者を選択するのに比べ、市場がある条件下で配偶者を選択する際には、配偶者の候補者がどれだけ市場に適応できるか（稼ぎはどうか、金遣いは荒くないか、等々）という検討事項が付け加わるので、慎慮はその分だけ複雑化するが、慎慮が困難になるわけではない。

慎慮にとって、市場は、それ以外の諸々の与件と同じく、与件のひとつなのであって、そのようなものとして、市場は慎慮に取り込まれる。与件が新たに付け加わるという意味で、しかも容易ならざる与件が付け加わるという意味で、慎慮は複雑化する。それゆえまた、市場を生きる人間にとって、慎慮は一層必要なものになるとも言えよう。

しかし、慎慮の第二の階梯に進むと、途端に困難が発生する。「美しく正しく生きる」という意味で「快く生きる」ために、「性格における徳」を高め「本来の意味で善き人」になるために、「偉大で高貴な諸目的」のために、慎慮を働かせようとすれば、慎慮単独ではどうにもならない。他の種々の徳と結び付かないと、第二の階梯の慎慮は働きようがないのである[二六]。

その意味では、市場となじむのは慎慮の第一の階梯に限られる。第二の階梯の慎慮については、市場となじむかどうかは、これまでの考察からは定かではない。

《注》

一　エピクロス／出隆、岩崎允胤訳『教説と手紙』（岩波文庫、一九五九年）七一頁。

二　前掲、七二頁。

三　前掲、六九頁。

四　前掲、七二頁。

五　前掲、七二〜七三頁。

六　アリストテレス／神崎繁訳『ニコマコス倫理学』（『アリストテレス全集』第一五巻、岩波書店、二〇一四年）一〇六〜一〇七頁。

七　前掲、一〇八頁。

八　前掲。

九　前掲。

一〇　前掲、二四八頁。
一一　前掲。
一二　前掲。
一三　前掲、二四八〜二四九頁。
一四　前掲、二四九頁。
一五　前掲。
一六　前掲。
一七　前掲。
一八　前掲、二四九〜二五〇頁。アリストテレスは「思慮」と「熟慮」を使い分けているように見えるが、どう使い分けているのかは必ずしも判然としない。トマス・アクィナスがこの使い分けについて述べているが、「熟慮（エウブーリアー）と……思慮（プルーデンティア）とは別々の徳」であるとしつつも、思慮が熟慮の前提になるとも述べていて、両者の使い分けはやはり判然とはしない。トマス・アクィナス／大鹿一正、大森正樹、小沢孝訳『神学大全』第一七冊（創文社、一九七七年）二八三頁。
一九　アリストテレス／神崎繁訳『ニコマコス倫理学』二六〇頁。
二〇　アダム・スミス／水田洋訳『道徳感情論』下巻（岩波文庫、二〇〇三年）一〇〇頁。

二一　前掲、一〇二頁。
二二　前掲、一〇三頁。
二三　前掲。
二四　前掲、一〇四頁。
二五　アダム・スミス／水田洋監訳、杉山忠平訳『国富論』第一巻（岩波文庫、二〇〇〇年）三九頁。
二六　慎慮が他の徳と結び付けば、慎慮自体としては不足であっても、徳にかなう場合もあるかも知れない。

O・ヘンリーの短編小説に「賢者の贈り物」という作品がある。妻のデラは、夫のジムにクリスマスの贈り物をしたいが金がないので、自慢の髪を売って金を作り、ジムに贈り物を買う。夫のジムも、妻にクリスマスの贈り物をしたいが金がないので、自慢の金時計を売って金を作り、デラに贈り物を買う。クリスマスの晩にお互いの贈り物が明らかになる。デラが買ったのは夫の金時計のための鎖であり、ジムが買ったのは妻の髪のための櫛だった。この二人の贈り物の選択には、慎慮の不足という面が否めない。確かにそうではあるが、この二人の贈り物をけなす人はいないだろう。

作品名にある「賢者」というのは、新約聖書のマタイ伝福音書に出てくる、「東方の三賢者」

と呼ばれている人たちである。(新約聖書の記述では「学者たちが東の方からエルサレムに来て」とのみ記されており人数は定かではない。『新共同訳聖書』日本聖書協会、一九八七年、新二頁)彼らは、キリストの生誕を占星によって知り、ベツレヘムにいたり、幼子キリストに贈り物をささげたとされている。(賢者が三人であるというのは、この贈り物の数が三つであることによるらしい。)つまり、この贈り物は、尋常の贈り物ではなく、救世主の誕生を祝う、特別の贈り物なのである。

だから、短編小説中のジム やデラの贈り物も、そうした特別の贈り物という意味をになっていると、解する必要がある。ジムやデラの贈り物は、われわれにとって、最も好ましいもの、愛を贈るものだからである。著者のO・ヘンリー自身、短編の最後に「贈りものをあげたりもらったりする人々の中で、この二人のような人たちこそ最も賢明なのである」と、注意を促している。オー・ヘンリー/大久保康雄訳『O・ヘンリ短編集』第二巻(新潮文庫、一九六九年)一四頁。

第二章　節制と市場

1

「自己充足（アウタルケイア〈この語は節制を表わすエピクロスの用語である〉）を、われわれは大きな善と考える。とはいえ、それは、どんな場合にもわずかなものだけで満足するためにではなく、むしろ、多くのものを所有していない場合に、わずかなものだけで満足するためにである。つまり、ぜいたくを最も必要としていない人こそが最も快くぜいたくをたのしむということ、また、自然的なものはどれも容易に獲得しうるが、無駄なものは獲得しにくいということを、ほんとうに確信して、わずかなもので満足するためになのである。質素な風味も、欠乏にもとづく苦しみがことごとく取り除かれれば、ぜいたくな食事と等しい大きさの快をわれわれにもたらし、パンと水も、欠乏している人がそれを口にすれば、最上の快をその人に与えるのである。[二七]」

エピクロスが考える節制は、ごちそうを前に尻込みすることではない。ごちそうが期待できないときに、あえてごちそうを求めないこと、欠乏のときには欠乏をよしとすることで「心境の平静（アタラクシア）[二八]」に近づくことである。質素な食事も、欠乏の中ではぜいたくな食事と変わらない快をもたらす。エピクロスが言うには、質素な食事に慣れることは、健康的であるばかりではなく、ぜいたくな食事にありついたときに、それを楽しむのに適した状態を作り出す。普段の質素な食事が、ぜいたくな食事にありつく幸運に尻込みしたりせず、その幸運を受容する態勢を整えるのである。

つまり、エピクロスの場合、節制は禁欲ではない。[二九] 禁欲が欲望に由来する害悪を避けるために、欲望を否定しようとするのに対して、エピクロス的な節制は、欲望を力強く肯定した上で、欲望を制御しようとする。欲望に支配されて欲望のままに生きるのではなく、欲望の手綱をあやつって欲望を乗りこなすのが、エピクロス的な節制なのである。

将来のぜいたくを楽しむために、今の質素にがまんするのというのではない（それは一時的な禁欲に続く欲望の野放図な解放である）。質素自体を楽しみ、質素に満足すること。しかし、ぜいたくを恐れたりしないこと。それが、エピクロスの考える節制であった。

エピクロスと同様の考えは、スピノザの次の叙述にも見て取れる。

「もろもろの物を利用してそれをできる限り楽しむ（と言っても飽きるまでではない、なぜなら飽きることは楽しむことではないから）ことは賢者（サピエンス）にふさわしい。たしかに、ほどよくとられた味のよい食物および飲料によって、さらにまた芳香、緑なす植物の快い美、装飾、音楽、運動競技、演劇、そのほか他人を害することなしに各人の利用しうるこの種の事柄によって、自らを爽快にし元気づけることは、賢者にふさわしいのである[三〇]。」

スピノザの場合も、節制の本質は楽しむことにある。ただし、欲望の奴隷になって楽しむのではない。それは「飽きる」状態をもたらしてしまう。「飽きる」ほどむさぼってはならず、しかし、禁欲も拒否する。ちょうどいいぐらいの欲望の成就、節度が保たれている楽しみ。酔いどれて他人に迷惑をかけたり、自分の健康を損なったりせず、周囲も自分も楽しみ、もう少し飲みたいぐらいでやめる飲酒。むずかしいけれど、そういう楽しみ方が必要なのだ。

アリストテレスもまた、過度の欲望の追求を「自堕落（アコラシア）」として退けている。

「自堕落な人はあらゆる快いものを、あるいはもっとも快いものを欲望し、欲望に導かれて、それ以外のあらゆるものと引き換えにこれら快いものを選び取る。したがって、それらのものが得られなければ、またそれらのものを単に欲望するだけなら、むしろ苦痛を感じるのである（なぜなら、欲望は苦痛をともなうからである）。だが、快楽のゆえに苦痛を感じるのは辻褄が合わないように思われる。／……節度ある人とは、こうした快いものに関して、中間的な態度を取る者のことである。なぜなら、節度ある者は、自堕落な者がもっとも快を感じるものに快を感じることなく、むしろ嫌悪を感じ、総じて快を感じるべきでないもの、ましてやそうした者にとってとりわけ快を感じるべきでないものには快を感じることなく、そうした快楽がなくても、苦しんだり、欲したりすることはない。……／節度ある者は、快いものでも健康もしくは壮健に寄与するものであるかぎり、これを適度に、然るべき程度に欲求し、またこれ以外の他の快いものについても、健康や壮健の妨げとなったり、美しさに反したり、当人の財力を超えたりしない程度に、これを欲求するのである。なぜなら、こうした条件を顧慮しない者は、これらの快楽をそれに見合った価値以上に愛好するが、節度ある者は、こうした者と違っていて、正しい理りの命ずる通りにこれを愛好するのである[三]。」

　アリストテレスの場合、多くの徳は中間性で説明できると考えられている。中間性とは、言わば上に凸な放物線の頂点のようなものであり、両極端の真ん中にある最高点である。たとえば、勇気という徳は、無謀と臆病という両極端の中間にある。また、気前の良さという徳は、放漫とけちとの中間にある。それらと同様、節制（「節度」）は「自堕落」と鈍感との中間にあると考えられている。

　しかし、節制が問題となるのは、快楽に関わる欲望の追求においてであるので、「自堕落」と鈍感との中間が目指されるとしても、鈍感の方向へ進まないようにという配慮はあまり重要ではない。むしろ、往々にして快楽への欲望を追求し過ぎる、「自堕落」の方向へ進まないようにという配慮こそ重要となる。

「自堕落は……本意からのもの」[三二]である。つまり、自ら求めてそうなる随意的なものである。だからこそ、制御できるし、制御せねばならない。制御を欠けば、行き過ぎた欲望は、快楽を目的としながら、かえって苦痛をもたらしてしまう。そうならない程度に欲望を制御できた者が、節制のできる者ということになる。

2

「節制と市場との関連」というここでの課題は、あるいはたちの悪い冗談のように受け取られるかも知れない。ひとつには、市場というものが昨今では、貪欲の代名詞のように受け取られているからである。

そういう受け取られ方の見本はたぶん枚挙にいとまがないが、ここでは、スペンサー・パックの『アリストテレス、アダム・スミス、マルクス』[三三]という書物を瞥見しよう。アメリカのコネチカット大学で経済学を教えるパックは、上の書物で、経済思想の歴史を大胆に整理して見せる。パックは、アリストテレスは貨殖術（chrematistic）を非難し、アダム・スミスはアリストテレスと袂を分かち貨殖術を（一定程度だが）擁護し、マルクスはスミスを批判して再び貨殖術を非難した、という流れで経済思想の歴史を整理する。その上で、現代の市場は、アリストテレスにとっても、アダム・スミスにとっても、マルクスにとっても、受け入れ難い貪欲な市場になっていると指弾する。

パックの言によれば、金融部門での経営者の貪欲が目に余る。メリル・リンチは、バンク・オブ・アメリカにテイク・オーバーされるまでに二七〇億ドルの損失を出しながら、一四〇億ドルの役員賞与を支払っている。「この事態は、それらを許したバンク・オブ・アメリカの経営者、最高幹部の能力ばかりではなく、メリル・リンチの経営者の公正さと徳性にも、疑問を生じさせるのである。[三四]」

そうした経営者・資本家の貪欲は、パックによれば、貨殖術を非難する、アリストテレス的な観点からは予想できたことである。「他人の資産によって自分を富ませる習慣を持つ人々に貨幣を与えるなら……さらに自身を富ませるために新たな貨幣を使用するであろう。……私見であるが、いつかは習慣を変えうるために、これらの経営者の何人かが収監される、可能性と現実性の時期にきているのではないか。[三五]」と言うのである。

そして、パックの見るところ、現代の貪欲は、アダム・スミスが想定していたものを越えているから、スミスがアリストテレスと異なり貨殖術を擁護したとしても、スミスは現代の貨殖術の貪欲を容認しないだろう。さらに、マルクスもまた、「経済のすべての領域での、いたるところでの、資本に対する規制の必要という問題に関し、マルクスは正しかった」[三六]という文脈において、現代の貪欲を認めないだろう。したがって、パックによれば、現代の貪欲な市場は、アリストテレス、アダム・スミス、マルクスのいずれにとっても、受け入れ難い性質のものであることになるのである。

パックの書物全体の性格について詳しく述べる余裕はないが、アリストテレス、スミス、マルクスを、いわゆる「正反合」のように再構成しようとするパックの構想には無理がある。それはともかく、パックが言う、現代の貪欲が、アリストテレス、スミス、マルクスのいずれにとっても受け入れ難いというのは、なるほどそうかも知れない。だからこそ、パックのように、アリストテレス、スミス、マルクスを援用しつつ、現代の貪欲を批判することが可能になる。

だとしても、現代の貪欲が引き出す利益の額の大きさ自体は、貪欲の性格を変更させるものではない。額と貪欲とは、額が多いと貪欲がひどくなるという関係にはない。逆に、額が少ないと貪欲が軽微になるかと言えば、そうはならないからである。

また、現代の貪欲のように、複雑な組織を通じた複雑な過程を通した貪欲の複雑さも、貪欲の性格を変更させるものではない。手口がより巧妙になったからと言って、貪欲がひどくなるわけではない。逆に、手口が単純なら貪欲が軽微になるかと言えば、そうはならないからである。

したがって、貪欲の否定である節制についても、額の大きさや手口の巧妙さは問題にならないと言ってよい。だから、パックのように現代の巨額で巧妙な貪欲に注目するのは、ここでの課題にはそぐわないことになる。

試しにやや時代を逆行して、徳川時代のわが国の経済思想家である石田梅岩の場合を見ることにしよう[三七]。

石田梅岩の時代、「農本商末」という言葉に集約されるのであるが、支配階級である武士は、農業を重視する一方で商業を蔑視していた。商品経済の発達とともに深刻化していた武士の窮乏化も、しばしば商人の「不当利得」のせいにされたから、商人は蔑視にとどまらず、敵視される存在でもあった。

当時の代表的思想家である荻生徂徠なども例外ではなく、徂徠は、「武士の知行は皆商人に吸い取らるなり[三八]」と主張している。徂徠は、一方における武士の窮乏と、他方における商人の隆盛という事実を、本来武士に帰属すべき富が商利として商人の手に移転しているためと理解しているのである。それは、農業に寄生する武士の生活が窮乏化する原因を、商人の武士への寄生という角度から論じようとしていることになる。徂徠の場合、ここから論を進めて、「商人の潰るることをば嘗て〈かつて〈少しも〉〉かまうまじきなり[三九]」とまで述べている。このような形で、商利は、寄生的な利であるとして、しばしば道徳的な非難の対象とされたのである。

こうした中で、石田梅岩は、当時の趨勢に反して、商利を肯定する論客として登場した。梅岩は、士農工商の相違を言わば社会的分業の一種として把握することによって、商業も社会にとって必要な業であると論じた。「士農工商は天下の治まるる助けとなる。四民欠けては助けなかるべし。四民を治めたまうは君の職なり。君を助くるは四民の職分なり。士はもとより位ある臣なり。農人は草莽の臣なり。商工は市井の臣なり。臣として君を助くるは臣の道なり。商人の売買するは天下の助けなり[四〇]。」と言うのである。

梅岩の商利肯定論は、商業が社会に必要な職分である点に依拠しているので、商業にもたらされる商利も、職分を全うするための報酬という形で肯定されることになる。「商人の売利は士の禄に同じ。売利なくば士の禄なくしてつかうるがごとし[四一]。」というわけである。とは言え、その商利は、当然ながら、安く買って高く売ることから以外には生じない。だから、梅岩にとっても、「売利を得るは商人の道なり。元銀に売るを道ということを聞かず[四二]」ということになる。

しかし、ここからが梅岩の特徴なのであるが、安く買って高く売ることで得られる商利は、あくまで職分を全うするための報酬であるから、その商利は、しかるべき報酬の限度を越えてはならないものなのである。高く売れる条件に恵まれても、その条件に乗じて、法外に高く売ってはならず、むしろできるだけ安く売り、商利を抑制すべきだというのである。
「第一に倹約を守り、これまで一貫目の入用を七百目にて賄い、これまで一貫目ありし利を九百目あるようにすべし。売り高拾貫目のうちにて利銀百目減少し、九百目取らんと思えば、売り物が高値なりととがめらるる気遣いなし。……奢りを止め、道具好きをせず、遊興を止め、普請好きをせず。かくのごとき類いことごとく止むるときは、一貫目もうくるところへ九百目の利を得ても、家は心易く持たるるものなり。[四三]」

この引用に見られるように、梅岩における商利は、価格の運動を利用して得られるものだとしても、その商利は、価格の運動を最大限利用して得られるものに達してはならない。最大限ではなく、かえって最小限が目指されていると言ってよい。そのように、最小限としての商利であればこそ、たとえば荻生徂徠のような商利否定論は通用しないことになる。

だから、梅岩の商利肯定論は、商利の追求に「倹約」という道徳的な抑制が働くという点で、特異なものである。商人が手にしてよいのは、生計の糧としての商利に限定され、生計の糧を越える部分は放棄するよう、推奨されているのである。それも、当時の趨勢であった商人蔑視、商人敵視に対峙するためであった。「商人は正直に思われ[四四]」ねばならない、という発言も、そうした当時の商人たちが置かれた立場を背景に理解される必要がある。

さて、ここで件の問題との関連を考えてみよう。石田梅岩が商人に求める倹約は、節制なのであろうか。

一〇〇〇の「入用」を七〇〇で済ますというのは、それ自体は費用の削減である。節制が費用の削減とイコールであるならば、節制は市場の原理となじむと言うよりも、市場の原理そのものであり、節制は市場の圧力であることになろう。費用の削減はむしろ、節制ではなく、利益の拡大を目指した、貪欲の赴くところと考えた方がよさそうである。

梅岩の倹約は、単なる費用の削減ではない。「奢り」や「道具好き」などのぜいたくを排するよう要求していることから知られるように、それは商業活動の無駄を減らすことにとどまらないで、商業活動に携わる商人の個人的生活の部分に切り込んでくる。その点では、梅岩の倹約は、節制と関連している可能性がある。

しかし、梅岩の場合、商人が商品の売却で手にする商品価値のうち、可変資本（賃銀）部分vと剰余価値（商業利潤）部分mとの区別が溶解しているために、mを取り過ぎてはならないという要請が、v＋mの削減の要請と同一視され、それがvの削減の要請に直結する関係にある。そのvの削減が行き過ぎれば、v＋mの大きさがもともとのvの大きさを下回りかねない。つまり、商利mが消え去っても、vが一定程度あれば、梅岩的商人であれば困難を生じないのである。

このように考えていいのなら、梅岩の倹約には限りがない。それは、程度次第では、節制をはるかに超越して、禁欲に近くなる。梅岩の倹約は、ここで検討している節制とはほど遠いと言わざるをえないのである。

節制の本質、欲望を追い過ぎる貪欲や「自堕落」に陥らないで、欲望を制御し、欲望をよりよく享受すること。この本質と市場との関連に立ち戻ろう。

たとえば、市場があると、節制は困難になるのか。市場によって商品が潤沢に供給されることは、一見、節制を困難にするようにも見える。しかし、そう問題は単純ではない。節制というのは禁欲ではないのだから、市場を通じて様々な欲望の達成が容易になること自体、節制を遠のけることではない。

日本人にとって、ブラジル産のコーヒーを飲み、インド洋でとれた海老を食べ、アメリカ産のバーボン・ウィスキーを飲む生活は、時と所により、ぜいたくではなくなる。それらを口にすることが当たり前になるなら、それらの品々は、マルクスが『資本論』で言う、労働力の価値を構成することになる。それらは、普通の労働者に支払われる賃銀であがなわれるべき商品になるのである。そうなった場合、それらを消費することは、「たまのぜいたく」

ではもはやない。

アダム・スミスが『国富論』で述べた、文明国の貧民の生活が未開の王の生活を越える事態[四五]、それが一層進めば、エピクロスやアリストテレスの時代の「たまのぜいたく」は、日常茶飯になる。

そうした豊かな商品に取り囲まれていると、豊かであるはずの商品に飽きてしまい、より豊かな商品を求めるようになるかも知れない。ジャマイカ産のコーヒーを飲みたいとか、日本近海でとれた冷凍していない海老を食べたいとか、イギリス産のスコッチウィスキーを飲みたいとか、もっと高級な商品を求めるようになるのは、とてもありそうなことである。

このように切りがないのが、欲望のなせるわざなのである。そして、次々と欲望の水準を切り上げていくとすれば、どこまで水準を切り上げていっても、欲望は満たされない。これこそが、欲望の奴隷となることであり、貪欲である。スピノザが注意を促した「飽きる」状態、アリストテレスが戒める「自堕落」は、豊かな当今では、普通に落ちる陥穽であることになる。

市場によって商品がどんどん潤沢に供給されると、欲望の水準は高くなる。欲望の水準の上昇を追いかけ、追いつこうとすると、商品を買うには貨幣が必要なので、往々にして貨幣収入の限界に突き当たることになる。この貨幣収入の限界を突破しようとすれば、貨幣を際限なく求める別の貪欲に陥ることになる。本来の欲望に代えて、貨幣への欲望に切りがなくなるのである。この貨幣への貪欲は、市場特有のものであると言ってよいだろう。

ここに、市場と節制に関わる問題があるようにも見える。貨幣への欲望は、その他の普通の欲望とは異なり、満たされるということがない。そのため、いったん貨幣への欲望が、その他の普通の欲望との関係を絶たれて、普通の欲望を満たす手段としての貨幣への欲望ではなく、貨幣それ自身への欲望に変換されるとき、その貨幣への欲望は、原理的に飽くなき欲望、貪欲へと化するからである。人間の自然が画する欲望の制限が働かないならば、貨幣への欲望は、貨幣に向かって「飽きる」ことを、貨幣の「自堕落」を、目指す欲望となる。

このような、貨幣への貪欲は、奇妙な人間を作り出す。小食でつましい生活をしながら、貨幣だけ追い求める人間が作られるのである。小説や芝居に出てくる守銭奴や金の亡者がその典型である。

モリエールの喜劇『守銭奴』の主人公アルパゴンは、庭に埋めた一万エキュの金貨が生きがいである。息子の服装がぜいたくだと非難し、かつらを買う金があるなら、その金で利子をかせげと言う。その守銭奴ぶりは、自分が乗る馬車用の馬にさえ、十分な飼い葉を与えないありさまである。

アルパゴンは、自分にとって重要な来客をもてなすに当たっても、十人前必要な料理を八人前で済ますよう指図したり、ぶどう酒を水で割っておくよう指図したりする。そこで、使用人が、お金を出さないと御馳走は出せませんと反論すると、アルパゴンはこうわめく。「情けないやつだ、しょっちゅう金の話ばかり持ち出して！　この連中はほかに言うことがないと見える。お金、お金、お金。ばかのひとつ覚えみたいにその言葉をくり返してさ！　お金！　なにかにつけて金のことばかり。お金！　これがやつらの守り刀というわけか！」四六

金を減らすことへの恐怖が異常な指図につながっているわけだが、その異常な指図への反論を、逆に異常な金への関心だと、すり替えてしまう。自らが金の亡者であることが、使用人という鏡に映っていることに気付かず、相手を金の亡者のようにののしってしまうのだ。ここに喜劇の要素があるわけだが、こうしたアルパゴンのあり方が、守銭奴の特徴をなす。守銭奴にとって、大事なのは唯一貨幣なのである。

実際、アルパゴンは、庭に埋めた金貨を引き換えにしたたくらみによって、娘を、娘の恋人に取り上げられてしまうのだが、大事な金貨が戻ることに満足して、娘の去就には頓着しない。この劇の最後に発せられるアルパゴンの言葉、「このわしはあのかわいい箱〈金貨が入っている箱〉を見に行くとしよう」四七に、彼の常ならぬ傾向が表現されている。

このアルパゴンと同様の傾向を示すのが、シェイクスピアの喜劇『ベニスの商人』のシャ

イロックである。シャイロックは、離反した娘が行方不明になっても、娘の身を案じるのではなく、娘が身に着けていた宝石類や、娘が持っているはずの金貨を案じて、こう言う。「あんな娘など、いっそ俺のこの足許でくたばっちまえ、宝石類だけがあの耳に残っていてくれればいいんだ！　あんな娘の奴、この眼の前でくたばりやがってもいいから、金貨だけは棺桶の中にのこっていてくれ！」[四八] 娘の生死まで引き合いにして、自らの価値観を力説しているのである。娘より貨幣が大事だと。[四九]

　これら物語の主人公たちは、唯一貨幣に貪欲であっても、暮らしを切り詰めており、ぜいたくではない。貪欲であるのに、禁欲的な生活を送っているのである。だから、守銭奴や金の亡者は、生活が禁欲的である点では、貪欲ではなく、「飽きる」状態でも、「自堕落」でもない。その一方で、貨幣に対しては貪欲であり、「飽きる」方向、「自堕落」な方向にある。

　これら守銭奴や金の亡者は、生活の禁欲と、貨幣への貪欲と、節制から二重にほど遠いことになる。市場があることによって、節制が二重に困難をきたす場合があるということである。

　それにしても、人は貨幣を口に入れるわけではない。貨幣は、それを夢中で追求している人にはしばしば見えなくなっているかも知れないが、人間の自然に即するなら、普通の欲望を達成するための手段に過ぎない。だから、普通の欲望に貪欲でないならば、貨幣への貪欲にも陥らないはずである。守銭奴や金の亡者は、市場という条件下で発生するけれども、市場それ自体に、守銭奴や金の盲者を作り出す力があるわけではない。守銭奴や金の亡者は、市場がないと生まれないけれども、それらは多くの人々の欲望の至る姿ではない。多くの人々は、市場があっても、守銭奴や金の亡者にはならない。

差し当たり、守銭奴や金の亡者は、市場という条件下で発生する、一種の中毒者だと考えておけばよいだろう。それは、世の中に酒があるから、アルコール中毒者が発生するのと同断である。

世の中に酒があっても、多くの人はアルコール中毒者にはならない。多くの人は、楽しみを酒だけに求めないから、酒はほどほどにして食事を楽しみ、あるいは酒を飲まないで読書や観劇などに興ずる。アルコール中毒者だけが唯一酒の楽しみをひたすら追求して、酒の奴隷になる。言うまでもなく、アルコール中毒者の実情は、酒を楽しむどころではない。酒以外の楽しみを放棄して、酒だけに関心を集中するが、悲しいことに、もはや酒は彼に楽しみを与えない。アルコールが体内から抜け去ったときの苦痛や不安を回避するために、酒を飲むわけだから、酒は彼にとって苦しみの種なのである。

アルコール中毒者と守銭奴や金の亡者とは、求めるものが違うだけで、良く似ている。他の欲望に目を向けないで、ひとつの対象だけに欲望を向け、その欲望の追求が、満足を遠ざける。守銭奴や金の亡者は、言うなれば、貨幣中毒者なのである。

こうした中毒者の存在は、欲望というものの扱いづらさを示している。欲望は、人間に楽しみを与えるものでありながら、往々にして人間を苦しめる。さまでないとしても、欲望のコントロールを意識することなく、欲望のおもむくままに行動して、結果、種々の欲望間のバランスが取れ、心も身体も満足が得られるというのは、虫が良すぎる望みであろう。

とは言え、多くの人々は、中毒者にはならない。多くの人々は、いくらか悩みながらも、自分に与えられた条件の下で、複数の欲望間のバランスが取れた達成を志向する。必ずしもうまくいかないけれども、人それぞれの仕方で、その人なりに欲望を馴致するのが、多くの人の生き方である。

そうした多くの人の中には、良く節制する人と、良く節制しない人とがいるだろう。良く節制する人は、おそらく、市場があってもなくても、良く節制する人であろう。そして、良く節制しない人は、市場があってもなくても、良く節制しない人であろう。

良く節制する人は、市場がない場合よりも、市場がある場合の方が、容易に節制できるかも知れない。市場が潤沢に商品を供給することで、欲望の達成の道筋がよく見えるようになるからである。

他方、良く節制できない人は、市場がない場合よりも、市場がある場合の方が、節制が困難になるかも知れない。市場が潤沢に商品を供給することで、眠っていた欲望が刺激されるようになるからである。

こう考えてよいなら、市場の存在は、節制という徳について中立であることになる。その限りにおいて、市場と節制とはなじむと言ってもよい。

《注》

二七　エピクロス／出隆、岩崎允胤訳『教説と手紙』七一頁。

二八　前掲、六九頁。

二九　大まかに言ってエピクロスの同時代人である孟子も、禁欲までいたらない節欲を薦めているように見受けられる。孟子は言う、「心を養うは欲を寡なくするより善きはなし。」小林勝人訳注『孟子』下巻（岩波文庫、一九七二年）四三〇頁。ここだけ読むと禁欲の薦めのようだが、別の箇所では、こう言ってもいる。「飲食の人は則ち人之を賤しむは、其の小を養いて以て大を失うが為なり。飲食の人も失うことあるなからんとすれば、則ち口腹も豈適《あにただ》に尺寸の膚の為のみならんや。」前掲、二五七頁。飲食の人が馬鹿にされるのは、心の修養という大事なものが失なわれるからであり、飲食の人も、大事なものを失なわないようにすれば、それは身体のためだけではなく役に立つ、と言うのである。

三〇　ベネディクトス・デ・スピノザ／畠中尚志訳『エチカ』下巻（岩波文庫、一九五一年）五八頁。

三一　アリストテレス／神崎繁訳『ニコマコス倫理学』一三六〜一三七頁。

三二　前掲、一三七頁。

三三　Spencer J. Pack, *Aristotle, Adam Smith and Karl Marx* (Cheltenham, 2010). この書物につき、より詳しくは、折原裕「古典の読み方――『アリストテレス、アダム・スミス、マルクス』に寄せて――」『敬愛大学、研究論集』第七九号（二〇一一年六月）を参照。

三四　*Ibid*., p.201.

三五　*Ibid*., p.202.

三六　*Ibid*., p.213.

三七　石田梅岩の経済思想につき、より詳しくは、折原裕「江戸期における商利肯定論の形成――石田梅岩と山片蟠桃――」『敬愛大学・研究論集』第四二号（一九九二年九月）を参照。

三八　荻生徂徠『政談』（『日本思想大系』第三六巻、岩波書店、一九七三年）三〇六頁。

三九　前掲、三四五頁。
四〇　石田梅岩『都鄙問答』（『日本古典文学大系』第九七巻、岩波書店、一九六六年）四二六頁。
四一　前掲、四二三頁。
四二　前掲。
四三　前掲、四三二頁。
四四　前掲、四二五頁。
四五　アダム・スミス／水田洋監訳、杉山忠平訳『国富論』第一巻、三五～三六頁。
四六　モリエール／鈴木力衛訳『守銭奴』（岩波文庫、一九五一年）七六～七七頁。
四七　前掲、一五五頁。
四八　ウィリアム・シェイクスピア／中野好夫訳『ヴェニスの商人』（岩波文庫、一九七三年）八八頁。
四九　アルパゴンやシャイロックとは逆に、娘のために財産をすっからかんにされてしまうのが、バルザックの『ゴリオ爺さん』の主人公である。製麵業で築いた財産で老後を送っていたゴリオ爺さんは、貴族に嫁いだ二人の娘が、見えによる濫費のため金に困ると、その都度融通してやる。やがて、その金もつき果て、死の床で娘たちの来訪を心待ちにするが、娘たちは来ない。そういう状況の中で、ゴリオ爺さんは言う。「ああ！　わしが金持ちだったら、わしの財産をとっておいて、娘たちにやらないでいたら、娘たちはここへ来て、接吻しながらわしの頰をなめたことじゃろうに！　……間違いなくそうなったろうに。だが何もない。金で何でも買えるんだ。自分の娘でも！　ああ！　わしの金はどこへ行ったのじゃ？　わしが財宝を残してゆくのなら、娘たちはわしの手当をし、看病をしてくれたろうに。あの子たちの声を聞き、姿を見られたろうに。」オノレ・ド・バルザック／平岡篤頼訳『ゴリオ爺さん』（新潮文庫、一九七二年）四七一頁。ゴリオ爺さんも、金が万能であるかのような価値観を持っている点では、アルパゴンやシャイロックと同じであり、だから守銭奴に近い。しかし、ゴリオ爺さんには、娘という弱点があり、守銭奴に近い価値観を貫けないのである。だから、ゴリオ爺さんは「人間的」であるとも言えるが、この人間像は、「失敗した」守銭奴の姿と言ってよいように思われる。

第三章　勇気と市場

1

アリストテレスによれば、「勇気（アンドレイア〈courage, manliness〉）とは恐れと平然とに関わる中間性[五〇]」である。恐れが過ぎる人は、臆病であり、平然が過ぎる人は、無謀である。恐れと平然の中間にあり、臆病と無謀の、どちらからも免れているのが勇気であり、いたずらに平然としていることが勇気なのではない。「勇気とは理（ロゴス）に従うこと[五一]」であり、理が命じるがゆえに、立派な事柄を選択し、恐ろしいことに耐えている状態である。いたずらに平然としているのは、常軌を逸しているのである。

「臆病な人は恐れてはならぬ事柄まで恐れるし、無謀な人は平然としていてはいけない事柄にまで平然としている。勇気ある人は、このどちらにしても、なすべきことを為す。そしてその点で中間に位置する。平然としているにせよ、恐れるにせよ、彼は理が命じる通りに為すからである。しかるに理は、甚大な苦痛や（生命の）破壊に繋がるような事柄を、それが立派なことでない限りは、耐えることを命じはしない。[五二]」

つまり、理由なく恐れに抗する必要はない。理由がなければ、大いに恐れて逃げ出した方がいいかも知れない。それにしても、勇気が重要な徳であるのは、理由さえあれば、恐れるべき苦痛や困難に抗して、平然としていなければならないからである。だから、勇気が中間性であると言っても、勇気は、恐れに抗するところにこそ価値がある。

「勇気は平然と恐れとに関わるが、この両者への関わり方は同等ではなく、恐れるべきものにより大きく関わる。というのも、こうした恐れるべき事態に心惑わされず然るべき態度でこれに関わる者は、安んじるべき事柄に然るべき仕方で関わる者よりも、より勇気のある者である。実際……苦しい事柄に耐えることをもって、勇気ある者と呼ばれるのである。したがって、勇気とは苦しみをともなうものであり、それが賞賛されるのも正当なことである。実際、苦しいことに耐えるのは、快いことを控えるよりも困難なことだからである。[五三]」

アリストテレスによれば、勇気が欠けていても、勇気があるかのように見えるふるまいがある。

第一は、「市民としての勇気[五四]」である。これは、市民としての義務感に基づいて、本当は戦いたくないのに戦場におもむくような場合を指す。戦場から逃避すれば、勇気なき者とそしられるであろう。それを避けるために戦場におもむくのであるが、これは真の勇気ではない。

第二に、経験の助けによって、危険を避けられるとすれば、勇気をふるわなくても、勇気があるかのように見える場合もある。熟練した兵士であれば、攻撃や防御の手立てをあらかじめ備えておくことで、さほどの勇気を発動しなくても、はた目には勇敢に戦えるであろう。

第三に、「激情によって行為する者は、ちょうど獣が自分を傷つけた相手に立ち向かうように、勇気ある者と見なされる」[五五]という事情がある。獣はむやみに危険に立ち向かわない。彼らは、傷付けられたり脅かされたりしたときにのみ、攻撃してくるが、これは激情によるものであって、勇気ではない。

第四に、「楽観的な者もまた勇気ある者ではない。[五六]」勇気ある者が、危険を知りつつ耐えているのに対し、楽観的な者は、危険を危険とも思わないがゆえに、平然としている。酔っ払いが危険に鈍感なのと同様で、それは勇気ではない。

第五に、第四に似ているが、「無知な者もまた、勇気があるように思われ」[五七]る。幼児が無知ゆえに蛇をつかむのは、勇気ではない。

これらのような、勇気に似たふるまいではなく、真の勇気、勇気の中の勇気とはどのようなものか、とアリストテレスは問う。「勇気ある人はどのような事柄に関わるのか。それは、もっとも重要な事柄ではないか。……そうしたもののうち、死はもっとも恐ろしいものである。……勇気ある者が関わりをもつのは、一体どのような場面での死なのか。あるいはそれは、もっとも美しい場面での死であろうか。実際、戦争における死はそうしたものである。なぜなら、それはもっとも重大で、もっとも美しい危険における死だからである。……そして、美しい死やそうした死をもたらすような緊急事態に関して恐れを抱かない者こそ、とりわけ勇者の名にふさわしい。つまり、戦争における事態は、こうした事柄の最たるものである。[五八]」

見られるように、アリストテレスは、勇気の中の勇気は、死に立ち向かう勇気であり、中でも、戦争において死に向かう勇気が、最高の勇気であると結論している。

この結論の当否はともかく、アリストテレスの議論には、勇気を一種の「男らしさ」ととらえる面が垣間見られる。ギリシャ語の「勇気」であるアンドレイアには、「男らしさ」の意味が含まれている。（それは、ラテン語の「勇気」も同じである。）

男らしく立ち向かうべき死の典型が、戦争における死であることは、ある意味自然ではある。しかし、だからと言って、勇気の典型を戦死に絞ってしまうのは、やや狭すぎるようにも思える。[五九]

また、アリストテレスの場合、前述の勇気に似たふるまいについての議論についても、真の勇気は何かという方向性に規定されてか、勇気に似たふるまいの中に、ある程度の勇気が含まれうる点が、見落とされる関係になるきらいがある。

たとえば、「勇気ある人は海においても……恐れない者であるが、それは船乗りたちと同じ仕方においてではない」[六〇]と断ずる場合がそれであろう。「船乗りたちは経験に基づいてまだ望みをつないでいるからである」[六一]と言うのであるが、船乗りたちにしても、経験上死は免れそうだと予測しつつも、あるいは死ぬかも知れないと恐れるところがあるやも知れず、ならばそうした事態に立ち向かうについては、何ほどかの勇気が必要になるはずである。

こうした点につき、トマス・アクィナスは、アリストテレスを十分に読み込んだ上で、穏当な理解を示している。

トマス・アクィナスは、「勇気（フォルティトゥードー〈courage, manliness〉）が恐れと平然に関わるのは、いわば恐れを抑え、平然を制御するものとしてである」[六二]と、アリストテレスに依拠しつつ、勇気を一般的に定義する。そして、「勇気は死の恐怖にのみ関わるか」[六三]と問いを立てて、このように答える。「すべての逆境に耐える際に勇気は確かに善くはたらく。しかしながら、人が端的に勇敢であると見做されるのは、どんな種類の逆境にも耐えることによるのではなく、最大の悪にも善く耐えるということによってのみである。他方、それ以外のものに耐えることによっては、人は限られた意味で勇敢であると言われるにすぎない。」[六四]アリストテレスの言葉に従いながら、勇気の定義の一般性を確保しているのである。

さらに、「勇気は本来的意味では戦闘における死の危険に関わるものであるか[六五]」との問いに対して、「勇気は本来的意味では、戦闘における死の危険に関わるものであると認めるべきである[六六]」としつつも、「他のどんな死の危険に関しても、勇敢な人は善く振る舞う[六七]」と補足していて、ここでも一般性は確保されているのである。

本書も、勇気と市場との関連を考えなければならないのであるから、アリストテレスに依りながら、かつトマス・アクィナスにならって、勇気をできるだけ広い意味で理解しておきたい。

デカルトも、たぶんアリストテレスを意識してであろう、恐れと臆病を結び付け、平然と勇気を結び付けている。そして、こう言う。「平然の対象とは困難なのであって、困難にはふつう、不安さらには絶望がともない、したがって、最も危険で最も絶望的なことにおいて、平然や勇気（クラージュ）が最もよく発揮されるのではあるが、それでもやはり、遭遇する困難に力強く立ち向かうためには、みずからのめざす目的の成就を期待し、さらに確信することが必要である。[六八]」ここでも、勇気の一般性は確保されているように見える。

デカルトはさらに、臆病の効用にも触れていて、無駄な骨折りを回避するのに役立つという主旨を述べている。なかなか柔軟であり、本書もこれを見習いたい。

ところで、慎慮も同じなのであるが、勇気は、善の目的にも悪の目的にも役立ちうるという点にも注意が必要である。悪事に取り掛かるにも、危険が伴なうのであれば、勇気が必要となる。悪事だからこその危険というものもあるだろうから、一般に悪事には何ほどかの勇気が必要かも知れず、ならば悪人すなわち勇者と言えなくもない。同じことは慎慮にも当てはまりそうなので、悪人すなわち慎慮の人と言えなくもないことになる。悪人には、言わば凡人にはつとまらない、という面があるようだ。

もちろん、徳としての勇気は、そもそも悪事と結び付くべきものではない。悪事は通常、正義など、重要な徳に反するものなので、悪事のための「徳としての勇気」というのは、形容矛盾となる。それは、慎慮の場合も同じで、悪事のための「徳としての慎慮」も、形容矛盾である。

慎慮や勇気を単独で考えると、悪事を行なう「徳」もありうるように見えるが、それは一面的な見え方でしかない。もし、慎慮や勇気が悪事に奉仕するとすれば、慎慮や勇気が作動した行為は不徳であり、その行為の不徳が慎慮や勇気をも不徳にするのである。そうした場合の慎慮や勇気は、慎慮や勇気の資格を欠くと言ってよいだろう。

2

勇気と市場との関連について考えてみたいわけであるが、差し当たり、経済的利益のためだけに勇気をふるうというのは、ありえないことだろうか。

たとえば、投機的な取引であれば、なにほどかの危険が伴なう。その危険を完全に回避しようとするなら、投機を止めるしかない。しかし、そこを敢えて投機に乗り出すとすれば、投機の失敗とその結果としての人生の破綻など、大きな困難を覚悟しなければならない。条件次第では、自死する他ない状況に陥るかも知れない。だとすれば、こうした困難に負けないで投機を行なうには、死をものともしない、アリストテレス的な勇気が必要なのだろうか。

だが、そうした行為は、余程特殊な事情が重ならない限り、無謀の類いにしかならない。特殊な事情とは、自分の会社や家族を経済的危難から救うために投機以外に有望な手段がないこと、投機が成功する見込みがかなり期待できること、等々であるが、そうした事情は尋常でないだろう。

やや強引に一般的化して言うと、投機の成功で経済的危難を逃れようというのは、競馬などのギャンブルで当てて経済的危難を逃れようとするのと同断であり、無謀である。それだけではない。投機以外に有望な手段がないという判断、投機が成功する見込みが期待できるという判断、それらの判断が慎慮の不足による可能性が高いのである。

投機を職業的に行なっている者であるなら、むしろ慎慮の助けがあるだろう。失敗しないように情報を集め、失敗しても大丈夫なように手立てを講じておく。ところが、そうした場合であるなら、投機に困難が伴なわないので、勇気に出る幕はないことになるのである。

市場から直接に利益を引き出す行為の中に、勇気（勇気に似た無謀ではなく）を見出すのは、案外むずかしいようだ。直接に利益を引き出す行為から離れて、もっと市場の後方で働いている者の場合を考えよう。たとえば、企業の技術者のような場合である。彼は、科学的な知見に基づきながら、しかし、愛社精神のようなものの支えもあって、会社の仕事にいそしんでいる、としよう。彼が勇気を必要とするのは、どういう場合だろうか。

たとえば、新製品の開発のような、これまでにない仕事に立ち向かうときには、勇気が必要になるだろう。成功すれば、会社の利益に大きく貢献できるが、失敗すれば、社内での自分の地位が怪しくなる。そういう文脈では、これは困難の一種である。

しかし、その場合、新製品について、技術的諸問題の分析を丹念に行ない、試作品の製作などを積み重ね、また販売面での市場分析の類いも併せて行ない、等々により、困難は減少する。そうした事前の準備を周到にした上で、なおうまく行かないこともあるだろうが、そうであるなら、失敗へのとがめは軽いはずである。ここでも、慎慮が働くと、勇気に出る幕はなくなる関係にある。

直接に利益を目指さない、技術者の仕事であれば、売買のタイミングのような、不確定な要因から遠いので、もともと勇気の出る幕は少ないとも言えそうである。

技術者のような仕事にあっては、むしろ利益を度外視する際にこそ、勇気が必要になるのかも知れない。

一般に、職業生活の中で勇気が必要になるのは、慣例に逆らうとか、上司に逆らうとか、責任や報復といった、危険が伴なう場合である。そして、そのような危険を冒すのは、利益のためではなく、たとえば正義のためであろう。

食品の鮮度をいつわる、製品の不具合を隠す、など企業ぐるみの不正が後を絶たない。これらの不正は多くの場合、法に反しているので、徳にかなうかどうか以前の悪である。にもかかわらず、これらの悪がはびこるのは、企業に働く人々の間に、これらの悪を見過ごす慣れのようなものが醸成されているからであろう。こうした不正が明るみに出る度ごとに、「コンプライアンスの遵守」などが叫ばれるけれども、そもそもコンプライアンスは無視されており、ないのと同じなので、だからこそ不正がなくならない。

それでも不正は明るみに出る。たぶん、行なわれている不正のうち、限られた部分だけが明るみに出る。その中には、偶然明るみに出るというものもあるだろう。しかし、おそらく多くは、企業に働く人々の中に、不正を見過ごせない人がいて、不正を告発することによって明るみに出るというものであろう。

このいわゆる内部告発者について考えよう。容易に予想できることではあるが、調べてみると、こうした内部告発者たちのほとんどが、企業への反乱者とみなされ、当人に不利益な配置転換を命じられたり、あるいは降格され、悪くすると解雇されたりもしているようである。

内部告発に踏み切った人の中には、こうした企業の報復を十分には予見しないで、告発に踏み切ってしまった人もいるようである。しかし、おおかたの内部告発者たちは、企業の報復をある程度予見しながら、告発に踏み切っている。これは勇気がなければできないことであろう。

企業に限らず、組織の内部にいれば誰でも感じるであろうが、組織に反逆するのは、極めて危険なことである。上司に反抗するにも勇気がいるが、その上司に明白な非があるとすると、組織が正常に機能するなら、反抗者は罰せられず、上司こそ罰せられるであろう。ところが、組織ぐるみの不正を暴く行為は、明明白白の正義の行為であるにもかかわらず、文字通りの組織的懲罰の対象となるのである。

こうした懲罰を覚悟しながら、不正を内部告発するには、解雇もありうると予見しているのであれば、死を覚悟しながら戦地におもむくのとある種近似しており、アリストテレス的な勇気が必要と言ってよい。戦争が身近にない昨今のわが国において、こうした内部告発者にこそ、アリストテレス的な勇気が必要であろう。

近年、学校教育法の改正により、わが国の大学では学長の権限が強化され、学長がすべての事案の最終決定権を持つことになった。そうした中で、大学によっては、学長の「独裁制」とも言うべき事態が発生している。こういう大学にあっては、議論の結果が学長ひとりの反対によってご破算になることもあり、自由な議論が不毛化している。やがては自由な議論そのものが不可能になる日が近いのかも知れない。こうした大学で、反学長的な言論を行使するにも、結構な勇気がいる。

身近な例の範囲で考えると、利益を目指した行為の中に、勇気は必要ではなく、むしろ、利益に反する行為の中にこそ、勇気は必要であるようだ。

やや、唐突かも知れないが、ここでロバート・オウエンの事績について考えてみよう。ロバート・オウエンは、マルクスの盟友であったフリードリヒ・エンゲルスによって、「空想的社会主義[六九]」者と呼ばれた三人のひとりである。残りの二人であるサン・シモンとシャル・フーリエが言論家に過ぎなかったのに比べ、オウエンは、大がかりな実験を行なっており、一般社会に与えた影響も大きく、別格の感がある。[七〇]

ロバート・オウエンは、紡績工場の雇われ経営者として頭角を表わし、スコットランドのニューラナークの工場に移ってからは、工場主の娘婿という立場から辣腕をふるった。事業を成功に導くばかりではなく、労働者のための種々の改革を行なったのが特筆に値する。労働時間の制限、少年工員のための学校の建設、等々である。オウエンの改革によって、それまで酒や賭博におぼれていた労働者たちは健康になり、ニューラナークの町（現在は世界遺産に登録されている）も清潔になったと言われている。

オウエンは、工場内での改革に飽き足らずに、労働時間の制限を骨子とする工場法を提案するなど、活動の範囲を広げていった。そうした活動の中で、注目すべきものに、ニューハーモニー村の建設がある。

オウエンは、アメリカのインディアナ州に広大な土地と多くの建物を用意して、ニューハーモニー村を建設した。この村は、自給自足を原則とする労働者の共同村であったが、三年で破綻してしまう。失敗の原因は色々だった。集まった労働者たちの多くが、無能だったり怠惰だったりしたこと。利己的行動が横行し、村がそのために利用されたこと。等々。とは言え、それらを含めた上で、リーダーのオウエンに、最大の責が帰せられることにはなる。オウエンには、ひとりよがりなところがあったようだ。その点につき、マーガレット・コールは、次のように言う。「彼は、意見の違いを我慢できなかったし、妥協を受け入れることもできなかった。彼と一緒に働いた人々は、彼自身の条件で働くよう強制された。」[七]

それに加えて、そもそも、村の建設自体が向こう見ずだったかも知れない。オウエンは、ニューハーモニー村の運営につき、具体的な計画を持っていなかったふしがある。入植希望者はすべて受け入れ、人選を行なっていない。さらに、費用等の計算を怠っていたようだ。だから、慎慮が不足していた面が否定できない。慎慮の助けがないために、無謀の挙に出て、失敗した例とも言えそうである。

しかも、その失敗の痛手は非常に大きく、それまで築いてきた資産の大部分を失なうことになる。オウエンは自らの活動の拠点である、ニューラナークも手放すことになるのである。

こうしたオウエンの事績は、単に、無謀のなせるわざであり、愚かだったと受け止めるべきなのだろうか。

とても、そうは感じられないのである。そう感じられないのはなぜなのか。それは、おそらく、オウエンの動機に関わっている。オウエンが、私利のため、たとえば名誉欲のために、ニューハーモニー村の建設に乗り出していたのなら、無謀で愚かだったと感じるに違いない。そうではなく、オウエンが私利を離れて、むしろ私利に反して行なった行為だからこそ、無謀で愚かだったと（たとえ無謀で愚かな面があったとしても）感じられないのである。オウエンの行為は、単なる無謀の範疇に収まらずに、勇気の資格を持つように思われるのである。

ここに、勇気というものの、隠れた一面があるように思われる。勇気というのは、困難に立ち向かうところに面目があるが、その困難は、たいてい自己犠牲としてある。立ち向かう困難が、人との協力関係を伴なっているのであれば、困難に人とともに対処する中で、人より前に出て困難にぶつかってゆくのが勇気であり、それは自己犠牲である。アリストテレスの考える、勇気の中の勇気、戦争において死に向かう勇気も、こうした自己犠牲の典型とみなすことができる。

国語辞典にも載っている[十二]「義を見てせざるは勇無きなり」という命題は、「勇あれば義を見てなす」という命題の対偶を述べたものであろう。「勇あり」を「Ａ」、「義を見てなす」を「Ｂ」とするとき、「義を見てせざるは勇無きなり」という命題は「非Ｂならば非Ａ」となる。その対偶「ＡならばＢ」は、「勇あり、ならば、義を見てなす」となる。勇というものが義と分かち難く結び付くものであることを、この慣用句は示している。[十三]

ここで義とは、勇を善きものにする、勇より言わば上位の徳である。義をなすのに勇が必要なのは、多くの場合、義をなすには自己犠牲が伴なうからであろう。勇が常に自己犠牲を伴なうとは限らないにせよ、勇はたいてい、自己犠牲を伴なう。それは、実際、オウエンの場合、手痛い自己犠牲を伴なったし、上述の内部告発者の場合も、相当な自己犠牲を伴なったのである。

勇気と市場との関連について、十分に考察したとはとうてい言えないが、とりあえずの結論を出しておこう。

市場の存在が、直接に勇気を損なうということが、あるのだろうか。市場が発達するほどに企業組織に所属する人が増えるとすれば、自らの勇気が働くのを抑圧する人は増えるかも知れない。しかし、それは、市場それ自体の責ではないだろう。市場の存在が逆に、直接に勇気を促進するということが、あるのだろうか。市場が発達するほどに人の行動範囲が広がるとすれば、それまでにない勇気をふるわねばならない人は増えるかも知れない。しかし、それも、市場それ自体の責ではないだろう。

だから、市場の存在は勇気という徳に対して中立的である、とも言い切れない。勇気がしばしば自己犠牲を伴なうのであれば、それは、市場と直接に無関係であるにせよ、市場迎合的な行動とは逆向きの行動と親和性を持つはずだからである。市場迎合的イコール反勇気ではないにせよ、市場迎合的な勇気は少なく、反市場迎合的な勇気の方が、ありそうだ。反市場迎合的な行動、すなわち、自らの市場的な不利益と結び付く行動、自己犠牲的な行動の中にこそ、市場時代にふさわしい勇気がありそうなのである。

市場の利益に反する行動が往々にして勇気になるのだから、市場はしばしば勇気と対抗的であると言ってよい。

《注》

五〇　アリストテレス／神崎繁訳『ニコマコス倫理学』一一八頁。

五一　アリストテレス／荻野弘之訳『エウデモス倫理学』（『アリストテレス全集』第一六巻、岩波書店、二〇一六年）二八五頁。

五二　前掲、二八六頁。

五三　アリストテレス／神崎繁訳『ニコマコス倫理学』一三〇頁。

五四　前掲、一二三頁。

五五　前掲、一二六頁。
五六　前掲、一二八頁。
五七　前掲、一二九頁。
五八　前掲、一一九〜一二〇頁。
五九　アリストテレスの議論とは関係ないが、「戦争で死なない勇気」というのもあるのではないか。そう思わせられたのは、鴻上尚史『不死身の特攻兵――軍神はなぜ上官に反抗したか――』（講談社現代新書、二〇一七年）を読んだからである。

子供の頃から飛行機好きだった佐々木友次伍長が、二一歳のとき初めて与えられた軽爆撃機には不思議なツノがあった。このツノは信管であり、敵艦にぶつかれば自動的に爆発する仕掛けだった。防御のための機関銃は撤去され、普通に爆弾を切り離して投下できない仕組みになっていた。佐々木伍長は、いわゆる特攻隊の一員となっていたのである。佐々木伍長は何度も出撃しながら、その都度生還することになる。なぜ生還できたのかと言えば、ひとつには、一度切りの特攻ではなく、繰り返し攻撃することこそ有効という、上官の考えに同感していたこと。また、上官の考えに共鳴して、爆弾を切り離して投下できるように改装した整備兵がいたこと。あとは、運命である。最初の出撃はマニラ近郊カロカーンからのものであったが、レイテ湾の敵艦に爆弾を投下したものの命中せず、敵機の攻撃を逃れて近くのミンダナオ島に着陸。翌日カロカーンに戻った。しかし、その間に大本営は、佐々木伍長が敵戦艦に体当たりして撃沈させ戦死したと報じてしまう。故郷では、佐々木伍長を顕彰するための村議会が開かれ、生家には多くの弔問客が訪れていた。直ちに二度目の出撃が命令されたが、事故が発生して帰還。三度目は、離陸直前に敵機の攻撃があり、出撃できなかった。必ず死んで来るようにと参謀長に言われ、その後も何度も出撃し、あわや体当たり寸前などもあったが、佐々木伍長はその都度生きて帰った。佐々木伍長は、命が惜しかったのではない。特攻しなくても、戦争なのであるからいつでも死の危険はあるし、死ぬ覚悟もあった。生き残る目的で特攻を避けたのではないのである。死ぬのが当然の特攻出撃の都度、あえて生きて帰ってきた勇気を、高く評価したい。

六〇　アリストテレス／神崎繁訳『ニコマコス倫理学』一二〇頁。
六一　前掲。
六二　トマス・アクィナス／渋谷克美、松根伸治訳『神学大全』第二一冊（創文社、二〇一一年）九頁。
六三　前掲、一〇頁。
六四　前掲、一二頁。
六五　前掲、一三頁。
六六　前掲、一四頁。
六七　前掲、一五頁。

六八　ルネ・デカルト／谷川多佳子訳『情念論』（岩波文庫、二〇〇八年）一五一頁。

六九　フリードリヒ・エンゲルス『空想から科学への社会主義の発展』（『マルクス・エンゲルス全集』第一九巻、大月書店、一九六八年）一八三頁。なお、このエンゲルスの著作のドイツ語版（一八八二年）には、「空想的社会主義」という言葉は見えない。この言葉は、この著作のフランス語版（一八八〇年）の表題の中に見える。

七〇　オウエンは、社会主義者という面よりも、教育家という面が強い。ニューラナークの工場内学校の場合もそうであるが、彼の主著である『社会に関する新見解』にしても、環境が人間の性格を決めるという立場から、貧しい労働者も立派な人間になりうると主張する、教育論が中心である。ロバート・オウエン／白井厚訳『社会に関する新見解──あるいは、性格形成原理と、それを実践に移すことについてのエッセイ集──』（『世界の名著』第四二巻、中央公論社、一九八〇年）。

七一　マーガレット・コール／新田貞章訳『ロバアト・オウエン伝』（白桃書房、一九七四年）二〇八〜二〇九頁。

七二　たとえば、『日本国語大辞典』第三巻（小学館、二〇〇一年）一四四〇頁には、次の記述がある。「『義を見てせざるは勇無きなり』正義は人の行なうべきものであるが、これを知りながら実行しないのは勇気がないからである。」

なお、この成句は『論語』から引いたもののようだ。「見義不為、無勇也」金谷治訳注『論語』（岩波文庫、一九九九年）四九頁。

七三　『論語』に「知者不惑、仁者不憂、勇者不懼〈知者は惑わず、仁者は憂えず、勇者は懼れず〉」（前掲、一八三頁）とあるのも、勇気が単独ではなく、他の徳と結び付くべきものであることを、示唆している。

第四章　正義と市場

1

これまで見てきた、慎慮、節制、勇気に、正義が加わると、トマス・アクィナスの言う「枢要徳」[七四]がそろうことになる。それらの徳の中でも、正義は最も重要視される徳である。

たとえば、アダム・スミスは、正義が他の徳と異なる重要性を持つことを、以下のように説明している。「善行は常に無償であって……それの欠如は、いかなる処罰にもさらされない。[七五]」善行に属するような諸徳は、あって感謝されこそすれ、なくて処罰されることはない。「友情、寛容、慈善」[七六]といった徳がこれに当たる。「けれども、もうひとつの徳があって、それを守ることは、われわれ自身の意志の自由にまかされず、力ずくで強制されてもよく、それの侵犯は……処罰の的となる。この徳が正義である。[七七]」スミスは、正義は、欠如すると処罰されるような徳として、特別なのだと受け止めているわけである。

では、なぜ正義の欠如は処罰されることになるのか。それは、正義の欠如が、社会の存立を危うくするからである。「社会は、たがいに害をあたえ侵害しようと、いつでも待ちかまえている人びとのあいだには、存立しえない。[七八]」侵害が起これば、人間相互の憎悪が起こり、人間相互の結束はばらばらになってしまう。「社会は善行なしにも、もっとも気持ちがいい状態においてではないとはいえ、存立しうるが、不正義の横行は、まったくそれを破壊するにちがいない。[七九]」スミスによれば、善行は人間社会という建物の「装飾[八〇]」に過ぎないが、正義は建物の「土台[八一]」なのである。

スミスの言い方だと、人間社会の存続のために有用不可欠なものなので、その侵犯には罰が与えられることになっているという風に、正義は功利主義（ユーティリタリアニズム）的に理解されているようにも受け取られうる。実際、上の記述が出てくるチャプターの表題は、「自然のこの構造の効用（ユーティリティ）について[八二]」となっている。

ただし、スミスの場合、有用性のために処罰があるというのではない。不正義への処罰感情が人間にはもともと（自然として）備わっていて、その処罰感情が社会の存続という有用性を兼ね備えている、という文脈になっている。処罰感情が功利から直接に導かれているわけではないのである。

そもそも、スミスの経験主義的な道徳論の全体が、経験の積み重ねによって道徳を会得するという議論に先立ち、人間は道徳的になるはずの「自然」を持つという先験的な前提を置かざるをえなかった。『道徳感情論』の冒頭で、スミスは次のように述べているのである。

「人間がどんなに利己的なものと想定されうるにしても、あきらかにかれの本性のなかには、いくつかの原理があって、それらは、かれに他の人びとの運不運に関心をもたせ、かれらの幸福を、それを見るという快楽のほかにはなにも、かれはそれからひきださないのに、かれにとって必要なものとするのである。[八三]」

だからと言って、スミスの経験主義的な道徳論が破綻しているとか、不徹底であるとか、主張したいわけではない。ただ、正義についてのスミスの上述来の発言は、経験主義的なのかどうかも、そうにはそうなのであるが、功利主義的なのかどうかも、判然としないきらいがある。

そこで、スミスの正義論からいったん離れて、スミスと親交の深かったデイヴィッド・ヒュームの正義論に目を移そう。

ヒュームもまた、「これ以上に高く評価される道徳的卓越性は存在しない[八四]」として、正義を最重要視する。ヒュームにとって、『道徳原理の研究』における正義についての検討は、「公共の効用性（パブリック・ユーティリティ）が正義の唯一の起源であること[八五]」を論証するという課題の下に行われている。ヒュームにとって、公共の効用性が正義の起源の少なくとも一部であることは自明なので、「唯一の」というところに重点がある。

ヒュームはまず、生活に必要な物資が無尽蔵にあったらどうだろう、と仮定する。そうした状態では、諸々の美徳は栄えても、正義は栄えない。すべての人が、十二分に持っているのなら、何の侵害もありえないからである。「この物が他人に奪われても、私が手を伸べさえすれば、それと等価値のものを私自身手にすることができるときに、何故それを私のものと称するのか。その場合には、正義は全く無用である[八六]」と言うのである。

次に、事態を逆転して、生活に必要な物資が極度に不足するとしたらどうだろう、とヒュームは仮定する。こうした状態では、正義は行なわれない。正義よりも、「必要と自己保存という一層強力な動機[八七]」が優先されるからである。船が難破すれば、生き延びるために正義を停止し、飢餓が襲えば、食べるために正義を放棄する。それが人間だ、と言うのだ。

最後に、ヒュームは、上述ふたつの仮定の中間を仮定する。「社会の普通の状況は、これらのあらゆる極端の中間にある[八八]」からである。この中間的で普通の状態では、自然から直ちに得られる物は少ないが、技術や労働や勤勉によれば、必要な物資は得られる。こういう状態の下で、「所有権の諸観念が、あらゆる市民社会においては必要になり、その必要から正義が、公衆に対するそれの有用性を引き出し、そしてその有用性からのみ、それの価値と道徳的責務とが生ずるのである。[八九]」

こうして、ヒュームは、次のように結論する。「社会の維持のための正義の必要性が、その美徳の唯一の基礎である。[九〇]」

そして、正義が、最も重要な道徳的卓越性であるからには、その他の徳も、この有用性に基礎を置く。「この有用性という事情が……忠実、正義、誠実、高潔およびその他の尊敬すべき、そして有用な諸性質や諸原理の唯一の源泉であるのと同様に、人間性、博愛、友情、公共的精神、およびこの種の他の社会的美徳に帰属される価値のかなりの部分の源泉であるに違いない。[九一]」

ヒュームは、スミスよりもはるかに判然と、正義は、社会の維持のための有用性に基づくと述べている。ヒュームの正義論は、功利主義的正義論と呼ぶにふさわしいものであろう。

こうした、功利主義的正義論は、遠くエピクロスにまで、起源をさかのぼることができる。エピクロスは、次のように言う。「正義（ディカイオシュネー）は、それ自体で存する或るものではない。それはむしろ、いつどんな場所でにせよ、人間の相互的な交通のさいに、互いに加害したり加害されたりしないことにかんして結ばれる一種の契約である。[九二]」

このエピクロスの発言には、功利主義的なニュアンスが濃い。だから、ベンサム流の功利主義論に限定しないならば、功利主義的正義論には歴史的一般性があると言ってよい。

だからこそ、功利主義的正義論には、反対論も根強い。たとえば、カントが、そうした反対論の代表者である。

カントは、刑罰に関連して、次のように述べる。「……刑罰は、犯罪者自身にとって、あるいは市民社会にとって、別の善を促進する手段にすぎないということはけっしてありえない。[九三]刑罰は、犯罪を犯した人が、唯一その犯罪だけを理由として課されるべきものだからである。だから、たとえ刑罰に副次的利益があったとしても、「処罰すべしという認定が、犯罪者自身あるいは同朋市民にその刑罰によってもたらされる利益について考えることに、先行しなくてはならない。[九四]」カントにとって、正義の侵犯に対応する刑罰は、正義それ自体のみから発するものであった。

だから、「『全人民が滅びるより、一人の人が死ぬ方がよい』という……標語に従う人々に災いあれ[九五]」ということになる。「正義が滅びるなら、人間が地上に生きることに、もはや何の価値もないからである。[九六]」

だからまた、「死刑を宣告された犯罪者が、危険な実験の被験者になることを承諾するなら、そして実験が幸運にも成功し、それによって医師には新しい知見が、公共体には有益な知見がもたらされるなら、その生命を助けようという提案[九七]」は、拒絶されねばならない。「正義は、いずれかの代価と引き換えに自らを売り渡すなら、正義ではなくなってしまうからである。[九八]」
カントの場合、ベンサム流の功利主義を意識しないで、彼が考える正義という徳の特性から、功利主義的正義論を拒否していることになる。

同じく、功利主義的正義論を退ける論者として、現代では、ロールズが代表と目される。ロールズは、功利主義的正義論の立場に立つと、二つの難問が避けられないと言う。功利主義の立場に立つと、「次の二つの判断の理由を挙げることが原理的に不可能となる。ひとつは、一部の人びとがより大きな利得を手にすることでもって、残りの人びとがこうむるより小さな損失を埋め合わすべきでないことの理由であり、もうひとつは、さらに重要な判断なのだが、少数者の自由を侵害することで多くの人びとがより大きな利益を分かち合えているとしても、それでもって正しい事態がもたらされたとは言えないことの理由である。[九九]」ロールズが指摘するように、「最大多数の最大幸福」を目指すベンサム流功利主義には、少数者の権利をどう保証するのか、という難問がついて回る。

ロールズの述べるところでは、功利主義的正義論は、上の難問を回避するためにこそ、「公平な観察者[一〇〇]」や「同感[一〇一]」の概念を強調する。これらの概念によって、諸々の利害の相違は、一致可能なように見える。「すべての人びとの欲求を組織化して欲求の整合的なシステムをつくりだすことが求められており、この観察者こそがその要求を実行すると見なされている。[一〇二]」しかし、そこには、別の難問が生じている。「こうした解釈を組み立てることによって、多数の人びとが溶かし込まれてひとりの人間へと融合されてしまう。[一〇三]」結局のところ、「功利主義は諸個人の間の差異を真剣に受け止めていないのである。[一〇四]」

こうしたロールズの議論は、彼自身の正義論の如何とかかわりなく、功利主義の根幹に触れるもののように思われる。

やや功利主義的正義論に話を絞り過ぎたきらいがある。功利主義的でない正義論に目を向けてみよう。

アリストテレスもまた、正義を最も重要な徳であるとしている。アリストテレスは、「正義（ディカイオシュネー）がさまざまな徳のうちで最高のもの[一〇五]」、あるいは「完全な徳[一〇六]」であると言う。

正義が「完全な徳」であるのは、「その徳を所有する者が、ただ単に自分自身においてだけではなく、他者に対して行使することができるという点で完全なのである。[一〇七]」すなわち、正義は、慎慮や節制や勇気のように、自分自身との関係においても成立する徳ではなく、他者との関係において初めて成立する徳であり、そこに正義の真価がある。

アリストテレスによれば、他者との関係における正義は、他者との間の平等を内容とする。平等と言っても、単に私と彼と取る分量が同じ、ということではない。私が多く働き、彼が少なく働いたのであれば、私が多く、彼が少なく取ることが、平等である。こうした関係を、アリストテレスは、「比例関係[108]」と呼ぶ。比例というのは、私をA、彼をB、私の取る分量をC、彼の取る分量をDとするとき、「配分における人の側〈AとB〉も事物の側〈CとD〉も、それぞれ同じ比率で割り当てられるからである。つまり、項Aの項Bに対する関係は、項Cの項Dに対する関係と同じ[109]」ということである。

上の意味での正義が、アリストテレスの言う「配分的（ディアネメーティコン[110]）」な正義である。

一方、「是正的（ディオルトーティコン[111]）」な正義というものもある。この是正的な正義とは、裁判官が二者の関係に介入して、二者の不平等を是正するような正義のことである。「人々は裁判官に中間であること（メソン〈middle〉）〈アリストテレス的な正しさをも意味する〉を求めているのであり、そこでポリスによっては、裁判官を仲裁者（メシディオス〈middle〉）と呼ぶのもこのため[112]」という文脈における正義である。

配分的な正義が、「共有の財貨から配分が行われる場合[113]」を想定しているのに対し、是正的な正義は、「人と人とのやり取りにおける[114]」場合を想定している。ふたつの正義の違いは、前者が「幾何学的な比例関係[一一五]」を要求するのに対して、後者が「算術的な比例関係[一一六]」を要求することである。言い換えれば、是正的な正義の侵害の回復は、一方から他方へ、算術的な移動を行なえば達成される。

「平等なものとは、より大きなものとより小さなものとのあいだの、算術的な比例に基づいた中間のもの（メソン〈middle〉）である。なぜなら、もし二つの等しいものの一方から取り除いた等しい分を、もう一方に付け加えたならば、その二倍の分が他方のものを超過することになろう。……／〈だから〉中間のものが超過する分だけ、より少ないものしかもたないものにつけ加え、こんどは中間のものが超過された分だけ、その人のもつ最大限から、これを取り除かなければならないということである[一一七]。」つまり、人Aが人BからM受け取れば平等というところ、MマイナスNしか受け取らなければ、AはNの損害を受け、BはNの利得を得るが、裁判官はBからNを取り上げるにとどまらず、そのNをAに与えて初めて平等が回復する。

三者以上の関係にも適用されうる配分的正義と違って、二者の関係に適用され、二者の間に裁判官が介入するというのが、是正的定義である。アリストテレスは、「一方が殴り、他方が殴られた場合[一一八]」でも、一方が利得し他方が損害を受けたとみなすので、刑法的な問題にも、経済的な問題にも、是正的な正義が適用されうるわけである。だが、それによって、以下に見る第三の正義との区別が難しくなる。

そこで、第三の正義であるが、これは、是正的な正義との区別が難しいだけではなく、配分的な正義とも区別が難しい[一一九]。「応報的（アンティペポントス）[一二〇]」な正義というものである。この応報的正義は、内容から「交換的な正義」と呼ばれることも多い。

アリストテレスの考えでは、交換は応報の一種である。交換が応報的な正義を満たすためには、「比例に基づいた与え返し[一二一]」が必要となる。「Aを大工、Bを靴作り、Cを家、Dを靴とすると、大工は靴作りから彼の作ったものを受け取り、その見返りに自分の作ったものを彼に与えなければならない。すると、まず比例に応じた等しさがあり、次に相互の応報が成り立っているなら、ここで言われているものは成り立つことになる[一二二]。」その場合の比例関係はA：B＝C：Dではなく、A：B＝D：Cでなければならない。たとえば、大工が家一軒を作る日数で靴作りが靴百足を作るとするなら、大工は靴百足を受け取り、靴作りは家一軒を受け取る。そこで、A：B＝D：C＝100：1、となる。これが、アリストテレスの言う「対角線に沿った組み合わせ[一二三]」である。こうした比例関係に表現されるのが、交換的な正義である。だから、交換的正義は差し当たり、三者以上の関係にも適用されうる配分的正義が、二者による一対一の関係に適用されたものと理解してよい。

だが、それは是正的な正義とは異なり、この正義の侵害への回復は、一方から他方への、算術的な移動で達成されない可能性がある。なぜなら、「公権力をもつ者が誰かを殴ったとしても、その殴った当人は殴り返されてはならず、逆に誰かが公権力をもつ者を殴れば、その殴った者は殴り返されるだけでなく、懲罰も受けなければならない[一二四]」という事情があるからである。

そうした事情をこの正義が含意するものだとしても、アリストテレスがこの正義を説明する場面は、事実上、商品交換の場面なのである。だからこそ、この正義は交換的正義と呼ばれることにもなるのであるが、商品交換であれば「二人の医者からは共同関係は生まれず、医者と農夫から生まれるのであって、総じて異なった、しかも平等ではない人たちから共同関係は生まれる[一二五]」という話になる。

そこには商品交換特有の困難が発生する。大工と靴作りとの関係で言うなら、大工が靴を欲し、靴作りが家を欲しないと、両者の交換は成立しない。「仮に両者が互いに両方の産物を必要としないか、あるいは一方の者が他方の産物を必要としない場合、交換は行なわれない……。[一二六]」

商品の使用価値は他人のための使用価値なので、商品所有者は当該商品の使用価値を求める買い手を市場でみつけなければならない。しかし、いつでも都合よくそうした買い手がみつかるとは限らない。それでは、商品交換は成立し難いわけである。この困難の解決には、言うまでもなく、貨幣が必要となる。誰にでも求められる特殊な商品であり、いつでも、どんな使用価値とも交換しうる、特殊な商品である貨幣が登場することによって、商品交換特有の困難は克服されうる。

　アリストテレスは流通手段としての貨幣の機能と、価値尺度としての貨幣の機能と、両者を区別しないで、次のように言う。「交換の対象は、すべて何らかの仕方で比較可能なものでなければならない。まさにこのために貨幣は導入されたのであり、これがある仕方で中間のもの（メソン）となっているのである。……／これこそ本当のところ必要（クレイアー）〈これを需要とする訳もある〉[一二七]なのであって、この必要がすべてを結びつけているのである。……貨幣こそ、取り決めによって必要のいわば代替物とされたものなのである。……／すべてのものに〈この貨幣に基づいた〉値がつけられていなければならないのである。というのも、そのような仕方で交換は常になされ、この交換によって共同関係は成立するからである。こうして、貨幣はまさに尺度（メトロン〈measure〉）として、さまざまなものを通約的なもの（シュンメトロン〈commensurate〉）にすることで、平等性を打ち立てるのである。[一二八]」

　上の叙述の直後に、マルクスが『資本論』[一二九]で引用している有名な次のくだりが続く。「交換は平等性がなければありえず、平等性は通約性がなければありえない……／これほどまでに異なったさまざまなものが、本当なら通約的なものとなるのは不可能であるにもかかわらず、十分通約的でありうるのは、必要との関係においてなのである。……貨幣がすべてのものを通約可能なものにするのである。すべてのものは貨幣によって計られるからである。たとえば、Aを家、Bを一〇ムナ、Cを寝椅子としよう。家が五ムナの価値、もしくはそれに相当するとすれば、AはBの半分の価値である。寝椅子CはBの一〇分の一であるとする。するとこの場合、何台の寝椅子が家一軒と等しいか明らかであって、それは五台である。貨幣の設定以前には、交換とは明らかにこのような仕方であった。なぜなら、家一軒と交換するのに、五台の寝椅子をもってするのと、五台の寝椅子に相当する額の貨幣をもってするのとでは、何の違いもないからである。[二〇]」

マルクスは、上のくだりを、アリストテレスは価値概念を欠いたために、価値の分析を止めてしまった、と批判しているわけである。しかし、アリストテレスは、すべてのもの（たぶん労働生産物以外のものが含まれている）を通約するのは原理的には不可能であるが、便宜上、貨幣がその役割を果たしていると指摘しているのであって、正義の行なわれるべき場面としての交換の分析であるからには、アリストテレスとしては十分と判断するのはある意味当然であろう。

実際、アリストテレスは、上のくだりに続けて、「以上、不正なことが何であり、正しいことが何であるかは、述べられた[二一]」として、正義とは何であるかに関する考察を打ち切っている。

『ニコマコス倫理学』におけるアリストテレスの正義についての議論は、この後も、不正義の行なわれ方、故意か事故か等々にも及ぶので、まだまだ終わらないのであるが、それらには触れない。

アリストテレスのここまでの議論をまとめておこう。アリストテレスの正義は、三つに分かれる。第一は、配分的正義であり、社会的な有用物を個人に配分するような事態を想定しており、多対一対応であって、幾何学的比例によるとされる。第二は、是正的正義であり、個人と個人との争いに裁判官が介入するような事態を想定しており、一対一対応であって、算術的比例によるとされる。第三は、応報的正義あるいは交換的正義であり、商品交換のような事態を想定しており、一対一対応である（だから、たぶん算術的比例によるとされるであろう）。

ところで、上述した三つの正義は、法に則するものとして論じられていると考えてよい。それは、アリストテレスが三つの正義を説明するに先立ち、「正しいこととは法にかなったことと平等なことであ[三]」る旨述べていることからも明らかである。アリストテレスの正義論では、法は平等を実現するためのものと理解されており、また、法は平等を実現すべく整備されているものとも理解されているのである。

だから、アリストテレスは言う。「法にかなった事柄はすべて何らかの意味で正しいことであるのは明らかである。なぜなら、立法術によって定められた事柄は法にかなったことであり……。実際、法はあらゆる事柄について定めをもつが、それはあらゆる人々にとって共通の利益を目指しているか、あるいは支配する者たち……にとっての利益を目指すものである。そのことから、ある意味では、ポリス共同体にとっての幸福と幸福の部分を生み出したり、維持したりするもののことを、われわれは正しいことと呼ぶのである。[一三三]」

アリストテレスにおいては、だから、法に則するものとしての正義が、平等を実現せず、かえって平等に反するような事態は、正義論の枠外である。そうした事態は、公正論の領域となる。

「公正（エピエイケイア）」について、アリストテレスは次のように述べる。「公正〈あるいは公平あるいは真っ当さ〉は正しいことであり、ある種の正しさよりもいっそう善いものであるが、無条件的に正しいものよりもいっそう善いものではなく、法の一般性に由来する不備よりもいっそう善いものであるということである。そして、まさにこのことこそ公正の本性なのである。つまり、法がその一般性ゆえに不足する場合に、法を是正する役目である。[一三四]」あらゆる事柄が法によって規定されうるものではないので、法に規定できない事柄が残らざるをえないが、そうした事柄に対応するのが、公正の役割である。「不定の事柄には不定の基準がある。[135]」ある種の建築に用いられる物差しが鉛でできていて、石の形にそって自在に変形することで、その役目を果たすように、公正は、法という物差しに備わらない自在性によって、その役目を果たすのである。

　そうであるなら、アリストテレスの言う公正は、法のないところでも機能できるはずである。だからまた、公正は、法という制度を取り去った後に残るものであり、法が表現しているものの内実とも言える。すると、公正は法と一体の正義より好ましいもののようでもある。

　事実、アリストテレスの言でも、公正は正義より優れたものであるようだ。「正しいことと公正とは同じものであり、しかも、この両方とも善いものだが、公正の方がより善いということになる。[136]」

　では、公正があるなら正義は要らないのか、と言えば、そう簡単ではない。「〈公正な人とは〉公正な事柄を選択し、それを実行しうる者であって、また悪い方向に厳正を求める者ではなく、たとえ法が自分の助けになる場合でも、より少なめに取る控え目な人が、公正な人なのである。[137]」

　公正な人は、正義が求める平等な点より、引き下がってしまう。そういう「控え目な」人である。だから、相手が悪ければ、控え目なところにつけこまれて、公正な人は正義を実現できない。公正という性向には、そういう弱点があるのだろう。だからこそ、アリストテレスは、公正をさほど重視せず、公正に関する論を、正義に関する論の補足的なものとしてしか、述べていないのだと推察されるのである。

アリストテレスにとって、あくまで正義が重要なのであって、正義とは次のようなものであった。「正義とは……自分と他者とのあいだであれ、自分以外の人々のあいだであれ、それぞれ選び取るべきより多く自分に配分したり、またより少なく隣人に配分したりするようなやり方ではなく、また損害を受ける場合にも、その反対の〈自分に少なく相手に多く配分する〉やり方ではなく、互いの比例関係に従って平等なものを自分と相手に配分し、同様に他者同士にも配分できるような性向である。[一三八]」

アリストテレスにおいては、目指される目的は平等であり、そこに直結するのは正義である。正義だけが平等を目指しており、だから最大限に尊重されるべきなのだ。そして、正義が向かう平等は、中間のもの、ある種の均衡であった。

正義という徳が、重要であり、またそれだけに論じられるところの多いものであるために、正義に関する先人の議論を垣間見るだけで、長くなってしまった。こうしたことには切りがないし、正義と市場との関連を考える過程で正義そのものについて改めて考えることもできようから、市場との関連の考察に移りたい。

2

市場と正義を含めて、市場と徳との関連を考える際に、しばしば思い浮かべられるものに、バーナード・マンデヴィルの『蜂の寓話』という著作がある。マンデヴィルはこの著作で、この世の中は不道徳に満ちていて、奢侈や放埒がはびこっているが、そうした奢侈や放埒を禁じてしまえば、世の中の活気が失なわれてしまう、と主張した。その主張は、不道徳の薦めのように理解されたから、当時多くの非難を浴びることになった。一方で、私利の追求が社会の発展をもたらすことを含意する、アダム・スミスの自由主義経済学に先行する思想として、受け止められることもしばしばあり、そういう経緯で、マンデヴィルの著作は、経済学者の多くが知るところとなっている。[一三九]

『蜂の寓話』は、「ブンブン唸る蜂の巣」を人間社会（たぶん当時のイギリス社会）に見立てる擬人的な詩の形をとっている。繁栄していた蜂の巣が、道徳的な浄化によって没落していく、という内容である。最後のところに、「教訓」として、次の言葉がある。「それゆえ不平はやめよ。馬鹿者だけが偉大な蜂の巣を正直な巣にしようとする。……悪徳は国家にとり不可欠のものだ。美徳だけで国民の生活を壮大にはできない。[一四〇]」

マンデヴィルの詩に描かれている蜂の社会は、悪徳のゆえに繁栄しているわけではない。ただ、悪徳を内部に抱えたままで繁栄している。それゆえ、そこから悪徳だけ排除すると、言わば均衡が崩れて繁栄が失なわれてしまうだろう、というのがマンデヴィルの主張であるように思われる。したがって、マンデヴィルの著作は悪徳の薦めではない（そんな主張をするはずがない）。マンデヴィルはおそらく、きれいごとだけで世の中は回らないよ、というようなニュアンスのことを言いたかったのであろう。

ただ、悪徳の容認ではあることは確かだし、「私悪すなわち公益」という挑戦的な副題もたぶん作用して、非難されることになったわけである。

ところで、私利の追求を社会の発展のために奨励したとされるアダム・スミスも、マンデヴィルを批判しているのである。スミスは、『道徳感情論』の「放縦な諸体系」の章において、「悪徳と徳との区別をまったくとりさるように思われ」る体系として、「マンデヴィル博士の体系」を挙げ、かなりのページを割いて、マンデヴィルの所説を批判している。[一四一] また、「明確な是認の原理を自愛心から引き出す諸体系について」の章でも、「ホッブズ氏および彼の後継者たち」という言葉に注記してマンデヴィルの名を示し、批判を加えている。[一四二]

「徳は人間社会の大きな支持者であり、悪徳はそれの大きな妨害者である」[一四三]というのがスミスの立場である。だから、マンデヴィルの著作は、悪徳の容認という点で、間違っていることになるのは止むを得ない。スミスとしては当然そうだろう。

ただ、ここでの課題から見ると、そう話は簡単でないようにも思える。スミスのように、利益を追求する利己的な自由競争を奨励する立場に立つ場合、一方で正義のような徳を奨励する立場に立つのであれば、ふたつの立場はどう両立するのかという問題が、ここで再び（アダム・スミス問題とは別に）頭をもたげてくるように思われるからである。いくつかの徳について、またその中でも特に重要とされる正義について、いくらかの検討を行なってきたここで、改めて考えてみよう。

利益を精一杯追求することと正義とは両立するのか。われわれが考えるべき問題の入り口はここであろう。

この問題に関わる、スミスの議論を確認しておきたい。スミスは、『道徳感情論』の「正義と善行について」の篇で、次のように言う。「富と名誉と出世をめざす競争において、かれはかれのすべての競争者を追いぬくために、できるかぎり力走していいし、あらゆる神経、あらゆる筋肉を緊張させていい。しかし、かれがもし、かれらのうちのだれかをおしのけるか、投げ倒すかするならば、観察者たちの容赦は、完全に終了する。それは、フェア・プレイの侵犯であって、かれらが許しえないことなのである。[一四四]」

つまり、スミスは、利己的な競争は肯定しながらも、それが限度を越えることは認めていない。そうであるなら、その限度が問題となる。

その点に関しては、スミスの以下の発言が参考になるだろう。スミスが言うには、「すべてのありふれた小さな通常のばあいにおける、私的利害関心の諸対象の追求は……そのような行動を規定する一般的な諸規則への顧慮から、でるものでなければならない。[一四五]」日常的な行為（たとえば商売）では、利己的な追求は、一般的な諸規則に合致せねばならない。一般的な諸規則とは、上の箇所を含む篇の前の篇の表題にある「徳性の一般的諸規則」を指すはずなので、スミスは、日常的な商売などでは、利己的な追求は徳に従わねばならない、と言っていることになる。そして、スミスが続けて言うには、「一シリングをもうけるか節約するかのために懸命であったり、画策したりするならば、もっとも俗物的な小商人でさえも、かれのすべての隣人の意見のなかで評価をおとすだろう。[一四六]」商売などを営む人の行為は、ちっぽけな利益のためになされるものであってはならない、と言うのだ。商売の上で倹約や精励にいそしむとしても、その動機は利益ではなく、徳としての倹約や精励でなければならない。スミスが述べるには、「かれのこんにちの吝嗇は、かれがそれによって節約するだろう特定の三ペンスについての欲望から生じるのであってはならない……。[一四七]」かれの吝嗇はあくまで、「一般的規則への顧慮だけからでてくるのでなければならない……。[一四八]」そして、「このことのなかに、守銭奴の性格と厳密な倹約精励の人の性格との、ちがいがある。[一四九]」スミスは、徳に発する倹約や精励はよいが、利益のための倹約や精励はよくない、と言う。利益のための倹約や精励は、守銭奴のすることだ、と言うのである。

守銭奴という言葉そのものに、徳に反するひびきがあるが、利益に傾注することが直ちに不道徳であるのなら、ここでの課題にとって軽くはない。徳一般はさておき、守銭奴的な市場参加は、正義という徳に反するのだろうか。

守銭奴の代表として、再び『ベニスの商人』のシャイロックを想起してみよう。シャイロックは、高利貸しであり、それは忌み嫌われる職業であったが、それ自体は合法の職業であった。シャイロックは、アントーニオの債務不履行に対して、契約条項通りに、アントーニオの肉一ポンドを要求する。それは、アントーニオの死を随伴するので、苛酷ではあるが、適法である。つまり、シャイロックの要求は正義に反しない、という設定である。

だからこそ、裁判官（に扮した）ポーシアは、自説を固持するシャイロックに対して、次のように言う。「地上の権力というのは、慈悲が正義を和げるとき、最も神の力に近いものとなる。かかるが故に、ユダヤ人、その方の請求は正義ではあるが、このことも考えてみてはどうか。つまり、ただ正義、正義の一途で進むのでは、結局誰一人救われるものはいまい。」[一五〇]アントーニオを救うために(身分を偽って)法廷に出て来たポーシアも、シャイロックの要求を正義にかなったものと認めているわけである。

もともと、シャイロックのアントーニオへの要求は、契約を結ぶ段階からすでに、金もうけのためではなくなっている。だから、契約不履行の時点以降、肉をよこせの一点張りで動かない。貸した金の三倍払うと言われても、頑として自説を曲げないのである。そこには、金もうけではない理由、ユダヤ人蔑視への憎しみ、ユダヤ人を馬鹿にする者への処罰感情が見える。

これらの点について、ジョン・グロスは次のように述べている。「彼〈シャイロック〉の習慣は倹約家のそれだが……ケチというよりは生真面目な人物という印象である。黄金を前にほくそ笑む姿もないし、金銭の女神を拝む姿もない……。シャイロックを動かすのは強欲よりはむしろ、恨みと歪んだ正義感なのである。」[一五一]

もっとも、シャイロックの要求そのものは、正義ではありえない。契約内容に問題があるからである。現今の常識から、公序良俗に反する、などと言いたいわけではない。金の問題は金で解決するのが正常で、金の問題を金以外で解決するのは、金で解決できない場合の例外的処置でしかない。シャイロックの場合、債務不履行に対しては、違約金でまかなうのが、正義論からしても合理的なのだ。

アントーニオは金銭上の不正を働いており、不正を働かれたシャイロックには、不正を正す権利があるが、それは金銭上で正すべきものである。シャイロックが悪役たりうるのは、金銭上の権利を、金銭外に拡張し、あまつさえ、人命を要求するところにある。シャイロックは、不正を正すべき適正な点を越えようとするから、劇作者と観客から、悪者扱いされてしまうのである。

アリストテレス的に言うなら、シャイロックの悪は、中間のもの、均衡点を越えて、自己の望みを達成しようとするところにある。だから、正義論の観点からしても、シャイロックは不正である。しかし、それは、シャイロックが守銭奴であることとは関係がない。

守銭奴それ自体が正義に反するかどうか、依然として明らかではないが、劇作の上で、守銭奴には特徴があるようだ。ジョン・グロスはこう言う。「シャイロックの正体は、口を開いた瞬間にほぼ明らかになる。『三千ダカット』ということば。……このせりふのおかげでシャイロックはのっけから計算の（そして金銭の）権化ということに決まってしまうのである。」［一五二］

三千ダカットは、件の債務の金額であるが、この金額を、シャイロックは、第一幕に登場して開口一番に口にするのである。この瞬間に、シャイロックが守銭奴的な人物であることが、劇の上では決定される、とグロスは指摘しているわけである。

実は、『守銭奴』にも似たようなせりふはある。第一幕の中ほどで、アルパゴンが息子のぜいたくを難じ、かつらを買う金があるなら、その金で利子をかせげと言うのであるが、その際のせりふはこうである。「ふたおやから授かった一文もかからない髪を生やしていりゃいいものを、なんの必要があって高いかつらなど買いこむのだ？……二〇ピストールの金がありゃ、かりに安く踏んで一二分の一にまわしたところで、年々一八リーヴル六スー八ドゥニエの利息が浮いてくるんだぞ[一五三]。」このように、十二進法や二十進法が入り混じったためんどうな計算を瞬時にできてしまう、あるいは、できてしまいそうな人格、それが守銭奴の人格のようなのである。

計算高くて、勘定に細かいことが、守銭奴の人格であるのなら、新古典派経済学が想定するような合理的経済人は、守銭奴に近いということになるかも知れない。

それはさておくとして、計算高いことが、守銭奴であり、守銭奴が正義に反するのであれば、計算高いことのどこがいけないのか、という疑問が生ずる。アリストテレス的な正義から考えれば、正義は中間のものを目指す。中間を目指すのなら、どこが中間かを知らねばならず、金銭的な取り引きであるならば、ある程度計算高くないと、中間点を知りえないはずである。

一シリングや三ペンスというわずかな金額のためにあくせくすることを守銭奴的だと非難するスミスは、一方では、次のように述べる。「もし私が、ある人に十ポンドの負債があるとすれば、正義は、私が十ポンドを協定された時期に、あるいはかれがそれを要求するときに、正確にかれに支払うべきことを求める。私がなにを遂行すべきか、私がどれだけ遂行すべきか、私がいつどこでそれを遂行すべきか、すなわち、命令された行為の本性と事情の全体は、それらのすべてが正確に、きめられ決定されている。[一五四]」そして、慎慮や寛容といった徳に厳密さを要求するのは「杓子定規」[一五五]だが、正義には厳密さがつきものなので、正義に厳密さを要求するのは杓子定規ではない、とスミスは述べるのである。

一シリングや三ペンスのような少額にこだわるのが守銭奴で、十ポンドのような多額にこだわるのが正義、ということなのだろうか。そうではないはずである。正義が厳密に額にこだわるのと、守銭奴がわずかな額にこだわるのと、同じく額にこだわりながら、両者には相違点があるはずである。それこそ、徳性にかかわる相違点に違いない。

この問題に関連するものとして、スミスの以下の発言に注目してみよう。スミスが述べるには、上流階級の人々の場合、彼らの成功は地道な努力がものを言わないため、成功と徳とが両立し難い。それに対して、中流や下流の人々の場合、彼らの成功は地道な努力こそものを言うため、成功と徳とが両立しやすい。「すべての中流および下流の専門職においては、真実で堅固な専門職の諸能力が、慎慮、正義、不動、節制の行動と結合すれば、成功しそこなうことは、めったにありえない。……そのような人びとの成功はまた、ほとんどつねに、かれらの隣人と同輩の好意と好評に依存するし、かなり規則正しい行動がなければ、それらは、めったにえられないのである。したがって、正直は最良の方策だという、むかしからのことわざは、このような境遇においては、ほとんどつねに完全な真理としてあてはまる。[一五六]」

スミスは、普通の人々が成功へいたる道は、隣人たちの好意に支えられて、正直に生業に励むことだ、と言うのである。この文脈での正直とは、嘘をつかないという意味ではなく、正義にもとらないという意味であろう。

この正直に裏打ちされた正義は、公正に近い正義であると考えられる。つまり、正直に生業に励むとは、たとえば小売商であれば、品質や量目をごまかしたり、一時的な条件を利して販売価格をつり上げたりしない、ということであろう。それは、結果において、アリストテレス的な中間のもの、均衡を実現するに過ぎない。しかし、それは、チャンスがあれば均衡を越えてもうけようと、あくせくした結果が均衡点を達成した、というのと同じではない。

均衡を目指して均衡になるのと、均衡以上を目指して均衡になるのは、周囲から見るなら、大違いであろう。均衡を目指すのは、とかくすると均衡から引き下がってしまうアリストテレス的な公正とは違うが、とかくすると均衡から押し上がろうとする態度とは大きく異なるはずである。

だから、正義に反しない商売といっても、不当利得を遠ざけようとする商売と、不当利得に近づこうとする商売と、両者の差は、買い手に身近な商売であれば、たぶん一目瞭然なのである。計算高さが守銭奴的だとして嫌われるのは、たぶんここに原因がある。

「もらうものは、きっちりもらいまっせ」などというせりふを吐く人を、あるいは、そうしたせりふを吐きそうな人を、頼みにする素人はいない。上のせりふには、弱みを見せると付け込んできそうな人格、一任したら損害を与えそうな人格が、表明されているのである。

計算高さが守銭奴的なのは、計算高い人が、往々にして正直でない人、正義に反する傾きを持った人だからである。そして、守銭奴的な人が嫌われるのも、同じ理由による。守銭奴的な人とは、危険な人なのだ。

以上のように考えていいとすれば、守銭奴が嫌われ、反道徳的とみなされるのは、当然と言ってもよい。

したがって、スミスが『国富論』の冒頭近くで述べている、市場を通して必要なものをやり取りする分業体制では利己心が大事だという主旨のくだりも、よくある経済学の教科書風の理解では、スミスの思考をとらえ損なっていることになる。

スミスは、そこで、こう述べている。「われわれが夕食を期待するのは、肉屋や酒屋やパン屋の博愛からではなく、彼ら自身の利害関心からである。われわれが呼びかけるのは、彼らの人類愛にたいしてではなく、自愛心にたいしてであり、われわれが彼らに語るのは、われわれ自身の必要についてではなく、彼ら自身の利益についてである。[一五七]」

ここでスミスが奨励しているとされる利己心は、われわれがつい想定してしまうような利己心とは、たぶん大きくおもむきを異にするものであろう。スミスの思い描いている商人は、利益の最大化を目指して、費用を削りに削り、資本を回しに回す、というものではない。むしろ、先に見た『道徳感情論』でのくだりと同じく、正直を旨とする、公正に近い正義を志向する人であろう。「正直は最良の方策」とスミスが言うとき、その正直は、法に反しないとか、均衡をおびやかさないとか、にとどまらない。もっと公正寄りの正義、だからまた、隣人を不安にさせず、むしろ隣人を安心させるような正義を、意味していると考えた方がよい。

そうしたスミスの正直は、石田梅岩の説く正直にも通ずる性格を持っている。石田梅岩の時代、商人が手にする商利は、とかく不当利得と解され、武士出身の学者たちから非難の的にされた。そういう言論状況の中で、梅岩は商利を、商業という職分を全うするための報酬と捉える見地から、彼特有の商利肯定論を唱えた。梅岩は、そのように当時の商人蔑視にあらがう一方で、商人たちに対して、商人が社会から容認されるための商道徳を説いてもいた。

梅岩の代表的な著作である『都鄙問答』から、彼の考え方を瞥見しよう。『都鄙問答』は想定問答形式でつづられたものである。ここでは、「或る学者、商人の学問をそしるの段」を見る。

学者が、次のような問いを発する。いわく、「双方ともによろしきこと有るべからず。[一五八]」たとえば、木綿の布地を二人で分け取りする際には、良い方を取る者と、悪い方を取る者と、どちらかが利益、どちらかが不利益となる（同じ木綿の布地でも織り始めの方が高品質という）。同じように、商取引においても、売り手と買い手の双方が利益を得ることはありえない。そういう商取引を業とするのが商人であり、商人は相手の不利益によって成り立つものだから、商人が学問にかなうこと、徳にかなうことは、ありえないではないか。

答えていわく、「我よりその木綿を分くるならば、汝によき方を渡さん。汝より分くるならば我によき方を渡すべし。[一五九]」そうすれば、双方が満足する。前者はあなたの利益、私の徳になり、後者はあなたの徳、私の利益になるからだ。

この問答では、学者は、商取引は言わばゼロサムなので、商人が手にする商利は、買い手の不利益だ、と主張している。だから、学者に言わせれば、商人の徳とか商人の学問（梅岩のような学問）とかは、まやかしだということになる。それに対する梅岩の答えは、商人は買い手に利益をもたらしたり、商人自身に徳をもたらしたりできるので、商人の徳や商人の学問は成立する、というものだった。

当然、これで話は終わらない。上の説明では、商人の徳は損を伴うものだから、商人が徳をなすためには、損を覚悟しなければならない。それでは、商人はやっていけるはずがない。

そこで学者は再び問う。「然らば売り物に利を取らず、元金に売り渡すことを教ゆるや。[一六〇]」商人が損して徳を積むものならば、商人は仕入れ値で売らなければならない、と言うのである。もちろん、そんなことはありえない。仕入れ値に利益を上乗せして売るからこそ商利が出る。問題は、この商利が徳にかなうのか、それとも不道徳なのか、ということである。

梅岩はこう言う。「売利を得るは商人の道なり。……商人の売利は士の禄に同じ。売利なくば士の禄なくしてつかうるがごとし。[一六一]」梅岩の言では、商利は武士の禄と同じく商人の生計費である。それは、商業が社会の役に立つ職分である限り、商人が職分を全うするための報酬として肯定されるべきである。

だから、梅岩の商利肯定論は、商利がしかるべき報酬の限度を越えてはならない、少ない商利で我慢せよ、という商利抑制論の性格を帯びることになった。そして、商利の抑制という要請は、倹約の薦めへとつながり、その倹約は、エピクロス的な節制を越えて禁欲に近くなる。そうした点については、「節制と市場」の章で見た通りである。

梅岩は、自らが説く商道徳を、正直という言葉によっても表現している。この正直がここでの論点に関わる。

再び学者の問い。いわく、「世俗に『商人と屏風とは直ぐにては立たず』と言えるは、如何なることぞや。[一六二]」屏風を真っ直ぐに伸ばせは立たないように、商人も曲がったことをしなければ、徳を曲げなければ成立しないと、世間でも言われているではないか、と難じているのである。

梅岩が答えて述べるには、世間の言うことはあてにならない。むしろ、屏風も商人もゆがみがあれば立たないと言うべきである。「屏風は少しにてもゆがみあれば畳まれず。……商人もそのごとく、自然の正直なくしては、人とならび立ちて通用なり難し。……屏風と商人とは直ぐなれば立つ。ゆがめば立たぬと云うことを、取り違えて云うなり。[一六三]」

ここで梅岩が述べている正直は、公正寄りの正義であろう。商利を非難する当時の論調に対しては、商利を職分の報酬として擁護する一方、商人たちに対しては、こうした高い道徳性を要求するのが、梅岩の特徴である。

上の発言の少し後では、梅岩はこう述べる。「売り物は時に相場により、百目に買いたる物、九十目ならでは売れざることあり。これにては元銀に損あり。よって百目の物、百二、三拾目にても売ることあり。[一六四]」相場の変動によって損することもあるのだから、利幅を大きく取ることもあるが、それは不正ではないと言いたいわけである。

ここだけ読むと、公正寄りではなく、アリストテレス的な中間のもの、均衡点を志向しているようにも読めるかも知れないが、違う。この少し先では、こう述べられている。「ここに絹一疋帯一筋にても、寸尺一二寸も短き物あらんに、織屋の方にては、短きを言い立てて値段を引くべし。然れども一寸二寸のことなれば疵にもならず、絹は一疋帯は一筋にて、一疋一筋の札を付けて売るべきが、尺引きに利を取り〈仕入れ値を引かせて利を取り〉、また尺の足るものと同じく利を取るなれば、これ二重の利にて、天下御法度の二升《ふたます》を遣うに似たるものなり。[一六五]」機会に乗じて利益を増やそうとするのは、「天下御法度の二升」という計量規則違反の不法行為に近い、と言うのである。

こうした商人への道徳性への要求が、次のような商利抑制論につながる。「これまで一貫目の入用を七百目にて賄い、これまで一貫目ありし利を九百目あるようにすべし。……奢りを止め、道具好きをせず、遊興を止め、普請好きをせず。かくのごとき類いことごとく止むるときは、一貫目もうくるところへ九百目の利を得ても、家は心易く持たるるものなり。[一六六]」梅岩に道徳を期待される商人は、費用を節約するばかりではなく、生活をも切り詰め、言わば平均利潤をあきらめて、平均利潤以下で我慢するよう、求められている。したがって、梅岩が期待する商人像は、アリストテレス的な平等から引き下がる、公正の人であったと見てよい。

　梅岩が幼年期、山で栗を拾って帰り父に見せたところ、父は拾った場所を問い質した上で、山へ返しに行かせたというエピソードがある。梅岩が栗を拾った場所は、石田家の持ち山と他家の持ち山との境界線あたりだったらしい。[一六七]正義が求める境界線より内側でないと権利を主張できないと、梅岩の父が教えたと受け取れないであろうか。もちろん、それは幼いときの不確かな記憶でしかないし、そのエピソードが直ちに梅岩の思想を示すものでもないが、わざわざこうしたエピソードを語り残しているところに、梅岩の考える正直のありようが示されていると解することも不可能ではないだろう。

　以上のように、梅岩の正直は、公正寄りの正義であり、アダム・スミスの正直に近い。梅岩の「屏風と商人とは直ぐなれば立つ」という言葉と、スミスの「正直は最良の方策」という言葉とは、類縁関係にあると言ってよい。

商人に対して、アダム・スミスのように公正寄りの正義を要求するのは、決して過大な要求ではない。

たとえば、カントは、次のように言う。「店の主人が事情を知らない客に法外な値段を吹っかけないというのは、確かに〈行為だけ見れば〉義務に適っている。そして、競争が激しいところでは、賢い商人もまたそんなことをせずに、誰に対しても普通の定価で売る。それで子供でも大人と同様にしっかりと買い物ができる。それゆえ、客は誠実に扱われているのである。[一六八]」

カントは、上のような店の主人を道徳的に評価しているわけではない。むしろ、上のように、単にアリストテレス的な均衡を行なう店主は、道徳的には無価値だと言いたいのである。この店主の経営行動は、「自分の利益をはかるという意図でなされた[一六九]」ものであって、道徳的な義務を果たそうとしたものではないからである。カントにおいては、行為自体が徳にかなっていても、それが不本意な行為だったり、徳を行なう意志を伴なわない行為であれば、道徳的価値はない。ここでも、単なる正義ではなく、公正よりの正義（カントにとっては徳をなす意志を伴なう正義）が求められているように思われる。

アランもまた、商取引での正義について、アリストテレス的な均衡にとどまらないものを要求している。アランは、こう言う。「僕の商売について僕の知っているかぎりのことは、買い手に教えてやらねばならぬ、と完全な正義は要求する。だが、同時に買い手も、品物のかわりに僕にくれる貨幣について知っているところを僕に教えねばならぬ。不注意に受け取ったが疑わしいと思う貨幣を人に渡すのはべつに悪いことではないと判断する人があるが、その金を渡される人の自由な是認を得ないかぎり、これは正しくない。だから、規則は次のようになる。相手の契約者が、『もしそうと知っていたなら』という機会を持たぬこと、と。でなければ金持になったことで満足していればよい。金持になった上に正義も得ようなどとしなければよろしい。[一七〇]」

アランは、結果としてのアリストテレス的な均衡だけでは駄目だ、と言う。そうではなくて、商売の相手が納得できるようであることをアランは求めている。それは、自分の利益のみを眼中に置かないことを意味するから、要するに利己主義では駄目だということになる。たとえ偶然的なものであれ、機会を利してもうけようというのでは、アランの求める正義にはならないのである。

だから、アランはこう言う。「僕が出物で額入りの版画を買ったとする。僕はその中に隠されていた紙幣を買ったのではない。紙幣がだれの所有だか知ることは必ずしも容易なことではないとしても、僕の所有でないことははっきりしたことだ。[一七一]」

アランの設例は、落語の「井戸の茶碗」とほぼ同じである。「井戸の茶碗」では、貧乏浪人が屑屋に二百文で売り払った仏像から五十両の小判が出てくる。屑屋から仏像を買い取った高位の武士は、五十両を浪人に返そうと思うが、浪人は受け取らない。間に立ってうろうろする屑屋の苦労が、笑わせどころになる。浪人の娘が武士にもらわれることで決着するという、ハッピー・エンドのお話である。[一七二]この落語の、浪人と武士と、売り手と買い手と、双方が公正の人である。双方が公正であれば、正義は難なく、話の後景に退いてしまうのである。

石田梅岩、カント、アラン、それぞれ少しずつ意図は異なるかも知れないが、商取引に公正寄りの正義を求めるという点では、一致していた。だから、スミスが商人に対して公正寄りの正義を求めたのも、スミスの基準が特に厳しいからではない。

スミスは、文脈によっては利己的な経済行動を薦めながらも、基本的には徳を重視する立場に立ち、商取引には公正寄りの正義を求めていた。また、スミスは、公正から遠い守銭奴的なあり方、利己主義一辺倒で取引相手に平気で損害を与えるようなあり方にも批判的であった。そうであるなら、スミスがマンデヴィルの『蜂の寓話』を批判したのは、当然と言ってよい。スミスは「正直が最良の方策」であると主張し、マンデヴィルは「正直な巣」

を揶揄していたからである。

　スミスが考えていた利己的な経済活動は、徳の範囲内でのものだったし、とりわけ商人の活動は、公正寄りの正義が求められるものだったのである。

　もっとも、スミスがそう考えたからといって、われわれもそう考えねばならないというわけではない。

3

　書物を離れて、市場と正義との関連を、身近な問題として考えてみよう。あまり複雑な事例に踏み込まない方が、ここでの目的にかなうだろう。

　近年しばしば報道される、いわゆる食品偽装事件はどうか。農林水産省職員の著作である『食品偽装』によれば、食品偽装には四つの類型があるらしい。第一類型は「消費者を騙して利得を得るため」、第二類型は「規模拡大を優先したため」、第三類型は「返品を処分するため」、第四類型は「欠品を出さないため」だという[一七三]。

しかし、第二類型以降は、販路の拡大に生産が追い付かず冷凍品を作り立てと装い売る、返品を包装し直して再販売する、欠品を出さないため原料の産地を偽る、といった事例なので、最終目的でまとめれば、すべて第一類型「消費者を騙して利得を得るため」に包含されてしまう。類型の区別は、監督官庁にとってはともかく、消費者にとっては同じこと、騙されて買ってしまったということに尽きる。

消費者を騙して買わせる行為は、スミス的にも、もちろん不道徳となる。スミスが「正直は最良の方策」と言う場合の正直は、公正寄りの正義だから、騙して買わせるのは、スミスの言う正直ではありえない。うそをついていることとは別に、アリストテレス的な均衡を踏み越えようとしている点で、すでに正直でない。騙していること自体ではなく、騙さなければ売れないものを騙して買わせることが、均衡点を作為で買い手に不利な方向に動かしており、公正はもとより、正義ですらないのである。

たとえば、今日、一個一〇〇円の価格を付けて売っていたパンが売れ残ったとしよう。翌日、昨日の売れ残りであることを明示して六〇円で売ろうとするのは、不正義ではない。六〇円で売れたとすれば、翌日の均衡点は六〇円ということになるからである。それを、昨日の売れ残りであることを隠して、あるいは今日の焼き立てであると偽って、一〇〇円で売ろうとするのは公正でなく、一〇〇円で売れてしまえば不正義を行なったことになる。

郵便はがき

料金受取人払

諏訪支店承認

1

差出有効期間
令和 3年10月
20日まで有効

392-8790

〔受取人〕

長野県諏訪市四賀229-1

鳥影社編集室

愛読者係 行

ご住所	〒 □□□-□□□□
お名前《フリガナ》	
お電話番号	(　　　)　　　-
ご職業・勤務先・学校名	
e メールアドレス	
お買い上げになった書店名	

鳥影社愛読者カード

このカードは出版の参考にさせていただきますので、皆様のご意見・ご感想をお聞かせください。

書名	

① 本書を何でお知りになりましたか？

ⅰ. 書店で
ⅱ. 広告で（　　　　　　　　　　　）
ⅲ. 書評で（　　　　　　　　　　　）
ⅳ. 人にすすめられて
ⅴ. DMで
ⅵ. その他（　　　　　　　　　　　）

② 本書・著者へご意見・感想などお聞かせ下さい。

③ 最近読んで、よかったと思う本を教えてください。

④ 現在、どんな作家に興味をおもちですか？

⑤ 現在、ご購読されている新聞・雑誌名

⑥ 今後、どのような本をお読みになりたいですか？

◇購入申込書◇

書名　　　　　　　　　　　¥　　　　　（　　）部

書名　　　　　　　　　　　¥　　　　　（　　）部

書名　　　　　　　　　　　¥　　　　　（　　）部

上の不正義の取引に、アリストテレスの是正的正義を適用するなら、売り手は六〇円で売るべきところを一〇〇円で売って四〇円の不当利得を手にしており、買い手は六〇円で買うべきところを一〇〇円で買って四〇円の不当損失をこうむっている。裁判官は売り手から四〇円を取り上げて、買い手にその四〇円を与える。中間のもの、六〇円を実現するために、利得が差し引かれて損失があがなわれる、二つの是正が行なわれて、平等が実現することになる。

数ある食品偽装事件のうち、製造日を偽って罪に問われたケースは、基本的には上の例と同じと考えてよいだろう。だから、その不正義は、ひとまず、アリストテレス的な中間点を売り手の作為によって移動させたところにある。その不正義を正すには、製造日を偽らなければ売れたであろう価格を中間点として、売り手が得た不当利得を取り上げ、それを買い手に引き渡して、買い手がこうむった不当損失を補えばよい。一折一〇〇〇円の餅菓子が出来立てというのは偽りで、いったん冷凍して再解凍したものだったという偽装事件であれば、再解凍品の妥当な価格が六〇〇円と仮定して、売り手から四〇〇円を取り上げ、買い手に四〇〇円渡せば、買い手の気分の問題は別として、正義は回復されたと考えてよいだろう。

実際には、そういう解決法は取られてはいない（当たり前かも知れない）。いったん冷凍した餅菓子を再解凍し、それを出来立てと偽っていた「赤福餅」の事件では、製造日を偽っていた点を、食品衛生法違反とされ、営業停止の処分を受けることとなったのである。「赤福餅」の場合、偽装が発覚するまで、おびただしい量の商品が販売され、買った人も数えきれないほどであったろうから、アリストテレス的な解決法は無理であった。

しかし、なおアリストテレス的な見地にこだわって言えば、赤福餅が、再解凍品をそれと明示した上で、割引価格で提供していたなら、食品偽装事件にはならず、違法でもなく、不正義でもなかったのである。赤福餅のケースでは、看板商品のやわらかい餅菓子の賞味期限が極めて短いことから、作り置きをいったん冷凍して再解凍することで供給の安定化をはかったのであるが、そのこと自体に不正義はない。再解凍品をそれと明示して割引価格で売ればよかったのである。

この点にこだわるのは、技術的な要請から再解凍品を流通させたこと、それ自体が不正義ではないことを銘記しておきたいからである。赤福餅は事件後、再解凍品の販売をやめたようだが、それは経営判断としてはともかく、どうしても取らなければならない方策ではなかった。再解凍品でも安ければ買う、という買い手もいるかも知れないからである。

赤福餅の事件では、製造日を偽っていたことが、食品衛生法違反という法律違反に問われたわけであるが、法に反したから不正義だったという理解だけでは、この事件における不正義に対する理解として、表面的に過ぎるように思われる。食品衛生法という法がなければ赤福餅の行為は不正義でないのか、と問われたなら、上で考えたように、アリストテレス的な中間点を作為的に移動している点が不正義である、と答えることができるのである。

そうした理解を前提にした上で、法に反したという面から、この事件を見直してみよう。最初に再解凍品を販売した当時、赤福餅の責任者は、再解凍品を出来立てと偽って売るのが法に反することを、十分に自覚していなかった可能性がある。再解凍品の販売が一時しのぎだったとすれば、ありうることだろう。たった一度のことであるなら、それはたとえば、つかの間の駐車違反のようなものだからである。

しかし、再解凍品販売が恒常化すると、そういう弁解はできない。再解凍品販売が恒常化した時点で、再解凍品であることを明示する道はあった。そうしていれば、偽装事件にはならなかった。再解凍品を明示しなかったのは、明示すると、再解凍品販売以前の出来立て商品も再解凍品だったかの疑いを持たれて、あるいは、再解凍品と並べて売っている出来立て商品も再解凍品であるかの疑いを持たれて、商品全体への信用を失なうという危惧があったのかも知れない。

たとえそうであっても、再解凍品販売を続けるのであれば、それを明示する他なかったのである。明示しない再解凍品販売は、上述のように不正義であり、加えて法に反する。再解凍品販売が恒常化した時点であれば、法に反することは十分に自覚できたはずである。

もうひとつ、再解凍品販売をやめるという道もあった。やめていれば当然事件にはならなかった。傷みやすく大量生産のできない和菓子を手掛ける全国の多くの和菓子店は、再解凍品販売などで売り上げを拡大するのをよしとせず、家族営業形態で昔ながらの商品を提供している。赤福餅も、もともとはそうした和菓子店のひとつだったであろうから、そうした選択肢も十分ありえた。

再解凍品販売につき、それを明示するか、それをやめるか、正義に反せず、法に反しない、ふたつの選択肢があった。しかし、赤福餅はどちらも選択せず、再解凍品を出来立てと偽る、正義に反し、法に反する、第三の選択肢を選んだ。赤福餅の責任者は、なぜそうしたのか。正義はともかく、法に反する危険を冒した動機は、広い意味での利益以外にありえないであろう。付随的に、従業員の雇用、取引先との関係、いわゆる「のれん」など、色々な問題が絡み合っていたかも知れないが、利益という動機がないならば、法に反する選択はありえなかった。赤福餅は、利益のために、正義に反し、法にも反したのである。

赤福餅の再解凍品販売は、事件が発覚する数十年前から行なわれていたらしい。とすれば、そうした違法行為は、従業員たちにとって周知の事実だったはずである。従業員たちに不法行為にくみすることへの罪悪感はなかったのか。あったであろう。赤福餅は地元ではポピュラーな菓子であるから、従業員の知人や友人の多くも顧客だったに違いない。そうした知人や友人を裏切るのは心苦しいことであろう。それでも、企業という組織の一員として働き、企業風土になじんで暮らしている中で、企業に反旗をひるがえすような行動は取りにくい。むしろ、企業内の自分の定位置を守り、定位置周辺の環境と摩擦を起こさないこと、それが従業員たちのモットーだったろう。だから、食品衛生法違反のような、企業の内部と外部との関係に生ずる違法性は、従業員たちの関心外に棚上げされていたと思われる。

従業員ひとりひとりを個人として見るなら、たぶんその多くは一通りの徳が備わった常識人であろう。仕事に真面目に取り組み、家族を大切にする。子供の教育に当たっては、人に迷惑をかけぬよう、弱い者の味方をするよう、皆との協力を惜しまぬよう諭す。自分や家族が法を犯すなどは論外である。そういう人々であろう。ところが、そういう人々が、帰属する企業の不法行為に加担していたのである。

ここには、重大な問題がある。個人の徳と組織の徳の乖離という問題である。それは、組織の悪の責任を、個人に帰すことができるのか、という問題でもある。

ユダヤ人大量虐殺の責任を問われたアイヒマンは、エルサレムの裁判で、次のように主張したという。自分はユダヤ人を憎む者ではなかったし、殺人を望む者でもなかった。自分は命令に服従しただけである。服従は美徳（トゥーゲント）であり、自分の美徳がナチの指導者に悪用され、自分は犠牲者なのだ。「私は皆に言われているような冷酷非情の怪物（ウンメンシュ〈人非人〉）ではありません。私はある誤謬（フェールシュルス〈間違った決定〉）の犠牲者なのです。[一七四]」

こうしたアイヒマンの主張に、なにがしかの理があると受け止めたハンナ・アーレントは、アイヒマン裁判の傍聴記に「悪の陳腐さ（バナリテート・デス・ベーゼン〈banality of evil〉）」という副題を付けた。この言葉が、アイヒマンの罪を緩和するかのように受け取られて、激しい非難の的になった経緯は、映画『ハンナ・アーレント』[一七五]にも描かれているところである。アーレントの「陳腐さ」には、「平凡」ないしは「普通」という含意があるが（だからこそ非難されたが）、問題はまさにそこにある。普通の人が、組織の一員としてなら、大それたことに平気で加担するというところに、大きな問題があるのである。

この問題は、徳と市場という問題と直接関わるものではないから立ち入らないが、市場の発達に伴ない組織に所属して経済活動を営む人が増えるとすれば、市場とまったく無関係の問題というわけでもないであろう。

赤福餅の食品偽装事件では、違法行為の責任は法人格としての「赤福」に求められ、違法行為に実際に手を染めていた従業員個人が責任を問われることはなかった。このように、通常、企業の違法行為の責任は、法人格としての企業に求められる。

責任を問われた法人格としての企業は、法的には営業停止の処分等、企業活動への制裁を受けることになる。法的処分以外では、株式会社であれば、取締役の解任等の経営者の処分、配当の減配等を通じた株主への措置へと発展することもある。

こうした企業の不祥事では、企業トップによる謝罪会見なるものも行なわれ、映像として紹介されることも多い。数ある謝罪会見の中には、心底から反省しているのか疑わしいものもある。客の食べ残しを別の客に出すなどが発覚し、謝罪会見を行なった料亭の事件では、会見の主役であるはずの取締役の背後に控えた取締役の母親の指図が失笑をさそって、当時の話題となったほどである。

もともと食品偽装事件の多くにおいては、違法行為があっても、特定の誰かに健康被害などの目に見える被害が生じたわけではない。そうであるなら、謝罪すると言っても誰に謝ればよいのかといったかすかな当惑が、謝罪する側にあるかも知れない。従業員はそもそも責任を問われず、企業の代表者にも責任を取る意識が低いのが、食品偽装事件の特徴なのであろう。法を犯していても、すなわち正義に反していても、そのことが十分に意識されていないのである。

ところが、食品偽装事件を離れても、さして変わりはないようである。近年企業が起こした不祥事の中で、消費者に直接関わるもので、大きなものだけを挙げてみよう。タイヤメーカーにおける免震建築用免震ゴムのデータを偽装していた事件。建材メーカーにおけるマンション杭打ち工事のデータを偽装していた事件。自動車メーカーにおける無資格者による完成検査が発覚した事件。などなど、枚挙にいとまがない。

こうした事例の数々を追っても仕方がない。問題は、法を犯すことに抵抗がない点にある。正義が、法のみによっては担保されないということである。

法は正義だけを求めて、公正を求めない（求めようがない）。しかし、正義は多くの場合、公正の裏打ちがないと実現しない。だから、公正に配慮せず、法の遵守を旨としても、正義が行なわれる保証はない。ここには、法の遵守を標榜するだけでは、それが往々にして法の不履行を引き起こす、という皮肉がある。

組織が法人として法的行為に携わる権能を持つ以上、組織は正義と関わらざるをえない。しかし、正義の実現を裏打ちする公正は、組織になじまない。とりわけ、商取引においてはそうであろう。商取引において、アリストテレス的な均衡点から引き下がってしまうような組織は、商取引でしばしば損失をこうむってしまい、組織として存続できない。

たとえ、組織の成員ひとりひとりが公正の人であっても、組織としては公正でないため、組織にとって正義は、実現できたり、実現できなかったりするものとなる。企業の不祥事がなくならない一因は、たぶんここにある。

つまり、企業のような組織では、公正に近い正義としての、正直がめずらしくなる。だから、正直であることは、企業にとって稀な美徳であることにもなる。企業の中には、正直であることを、売り物にするものも出てくる。「正直品質」を宣伝文句にしている企業があるのだ。このような企業があることは、企業にとって正直がいかに困難であるかの証左であろう。

個人とくらべて、企業の方が、うそをつきやすい、という問題もあるかも知れない。あからさまな虚偽に訴えなくても、交渉上の理由で、何らかの情報を隠しておくことは、企業では当たり前だろう。先に見たアランの要求、「相手の契約者が『もしそうと知っていたなら』という機会を持たぬこと」というのは、競争入札などの場面では、無理な要求となる。だから、うそはすべて不道徳という、カントのような立場[一七六]に立つと、商取引の多くは不道徳となりかねない。

うそが美徳となる場合も、世の中にはありそうである。[一七七]が、商取引ではどうだろうか。相手の立場をおもんぱかって、商取引が成立しないようにうそをつく、ということはないわけではないように思える。この取引は相手のためにならないという配慮があったりすれば、そういうこともあるかも知れない。

しかし、多くの場合、商取引でのうそは、自らの利益のためであろう。「嘘つきは泥棒の始まり」[一七八]というのは、商取引を指したものではないようだが、商取引にこそよくあてはまるようにも思える。商取引でのうそは、アリストテレス的な均衡点を自分の有利な方へ移動するためであるなら、それは相手の利益を侵害するためのもので、どろぼうに近いからである。

商取引でのうそは、食品偽装や企業不祥事は別格としても、ありふれたことになっているような気がする。関西には「閉店セール」が常態の商店があったらしいが、これは、閉店間近なら投げ売り価格で買えるという客の期待を裏切るうそである。また、ある程度の値引きを前提にした価格設定をしておきながら、値引きを要求しない客には定価で販売するなどの例は、かつて学生アルバイトとして実見したところであり、今でも珍しくないのではなかろうか。

これまで、もっぱら売り手の側の問題を見てきたが、買い手の側にも問題がないわけではない。身近なところでは、スーパー・マーケットでの透明ポリ小袋の大量持ち去り、というのがある。このポリ小袋は、食料品等を持ち帰るために置かれているもので、必要に応じて何枚でも取れるようになっている。このポリ袋を、必要以上に大量に取る客がしばしば見掛けられるのである。買った商品を入れる目的でなく大量に取るのは、窃盗ではないだろうか。可罰性がないので黙認されているのだろうが、見苦しい（その割に得られる利益が極めて小さい）。やや異なる例だが、食品持ち帰り用の氷を大量に持ち去ろうとして逮捕された例もあるらしい。

市場での取引のうち、零細な個人消費者が直接関わる取引の中には、わずかな価格の差が物を言うものも多い。そうした取引になじむ中で、個人消費者の側にも、少しでも安く買いたい、損だけはしたくない、できれば得をしたい、という心的傾向が育まれている可能性はあると思われる。こうした心的傾向は、アリストテレス的な正義を不正の方向に押し動かす性質のものであろう。

とは言え、こうしたケース・バイ・ケースな思考をこれ以上続けることにはあまり意味がない。

これまでの議論だけでは、正義と市場との関連につき十分な検討が行なえたとはとうてい思えない。また、議論がとかく跛行的になり、無駄な議論に踏み込んでしまう場合があったようでもある。しかしながら、このあたりで、つたない議論をまとめて、正義と市場との関連について、一応の結論を得ておきたい。

正義の意味を法に限りなく近づけて、正義と市場との関連を考えるのであれば、市場は法とよくなじみ、少なくとも背理の関係にはならない。法が市場に合わせて作られているのだから、これは当然と言ってよい。しかし、それは、正義と市場との間に本来的な親和性があるためではなく、法によらないと市場での正義が保てないために過ぎない。だから、法が守られなければ、市場は不正義が横行する場となる。食品偽装事件など市場での取引をめぐる企業の不祥事が示すのは、まさにこのことである。

正義と法とほぼイコールであるかのようなアリストテレスの発言は、アリストテレスがポリスにおいて法として行なわれる正義を中心に考えていることと関係しているのであろう。だからこそ、アリストテレスは、法と正義とが一致する場面での思考にとどまらず、法が正義をカバーし切れない場面での公正の思考を付け加える必要があったのだと推察される。

だから、法さえ守っていればそれでいい、というわけのものではない。市場で生じるであろう種々の事態、それらの変化、それらの影響力、などのすべてを法が尽くせるものではないからである。

したがって、法を守るのがせいぜいの取引主体が普通であるならば、正義は往々にして破られる他ない。市場で正義が完全に行なわれるためには、法の遵守だけでは不足するのである。

市場それ自体が違法を促進するわけではないけれども、市場が合法を促進するわけでもない。そういう意味では、市場は法に中立的であり、市場は正義にも中立的と言ってよい。

しかし、市場の取引主体が、公正を持たないとすれば、市場は正義よりも不正義に傾くであろう。市場の取引主体が組織であれば、公正を持つことは困難であり、だから市場は不正義に傾斜する。

アダム・スミスが推奨する「正直は最良の方策」という行動規範は、市場の取引主体が組織化するほどに危うくなるであろう。組織化した取引主体にあっては、取引当事者の人間性は組織体に溶解され、見えなくなるからである。

それゆえ、市場はそれ自体が不正義というわけではないが、不正義に傾きやすいし、発達するほどに不正義への傾斜が強まるであろう。

第一章で述べた通り、市場は、第一の階梯の慎慮、快や利益や金もうけのための慎慮にはなじむだろう。第二の階梯の慎慮についてはどうか。他の徳と結び付いて、正しく生きるため、器量ある善い人になるために働く慎慮である。第二の階梯の慎慮が、勇気や正義と結び付かねばならない場合、勇気が反市場迎合的な行動に親和性を持つ限りにおいて、市場が不正義に傾きやすい限りにおいて、市場になじみにくい。そう考えるのが自然であろう。

慎慮、節制、勇気、正義という「枢要徳」のうち、市場となじむのは節制だけであることになる。

《注》

七四　トマス・アクィナス／渋谷克美、松根伸治訳『神学大全』第二一冊、三二頁。なお、トマス・アクィナスにおいては、枢要徳のうち、慎慮が最もすぐれているという評価になる。トマスの場合、慎慮を妨げる欲望に打ち勝つのが節制であり、慎慮を妨げる恐れに打ち勝つのが勇気であり、という理解になるようだ。

七五　アダム・スミス／水田洋訳『道徳感情論』上巻（岩波文庫、二〇〇三年）二〇五頁。

七六　前掲、二〇七頁。

七七　前掲、二〇八頁。
七八　前掲、二二三頁。
七九　前掲。
八〇　前掲、二二四頁。
八一　前掲。
八二　前掲、二二二頁。もっとも、ベンサム流の功利主義は、まだ登場していない。ベンサムの『道徳および立法の諸原理序説』は一七八九年が初版。ちなみに、そこには「功利主義」という言葉はなく、「功利の原理」と表現されている。ジェレミー・ベンサム／山下重一訳『道徳および立法の諸原理序説』（『世界の名著』第四九巻、中央公論社、一九七九年）八一頁。「功利主義」という言葉が広く用いられるようになったのは、J・S・ミルの『功利主義論』（一八六三年初版）以降と言われている。
なお、ミルの有名な次の言葉も、『功利主義論』に出てくる。「満足した豚であるより、不満足な人間であるほうがよく、満足した馬鹿であるより不満足なソクラテスであるほうがよい。」ジョン・ステュアート・ミル／伊原吉之助訳『功利主義論』（『世界の名著』第四九巻、中央公論社、一九七九年）四七〇頁。
八三　アダム・スミス／水田洋訳『道徳感情論』上巻、二二三頁。

八四　デイヴィッド・ヒューム／渡部峻明訳『道徳原理の研究』（理想社、一九九三年）四六頁。
八五　前掲、一九頁。
八六　前掲、二〇頁。
八七　前掲、二三頁。
八八　前掲、二五頁。
八九　前掲。
九〇　前掲、四六頁。
九一　前掲。
九二　エピクロス／出隆、岩崎允胤訳『教説と手紙』八三頁。
九三　イマヌエル・カント／樽井正義、池尾恭一訳『人倫の形而上学』（『カント全集』第一一巻、岩波書店、二〇〇二年）一七八頁。
九四　前掲、一七八～一七九頁。
九五　前掲、一七九頁。
九六　前掲。
九七　前掲。
九八　前掲。

九九　ジョン・ロールズ／川本隆史、福間聡、神島裕子訳『正義論』（紀伊國屋書店、二〇一〇年）三七～三八頁。
一〇〇　前掲、三八頁。
一〇一　前掲。
一〇二　前掲。
一〇三　前掲。
一〇四　前掲、三九頁。
一〇五　アリストテレス／神崎繁訳『ニコマコス倫理学』一八六頁。
一〇六　前掲。
一〇七　前掲。
一〇八　前掲、一九二頁。
一〇九　前掲、一九三頁。
一一〇　前掲、一九四頁。
一一一　前掲。
一一二　前掲、一九六頁。
一一三　前掲、一九四頁。

一一四　前掲。
一一五　前掲、一九三頁。
一一六　前掲、一九五頁。
一一七　前掲、一九七〜一九八頁。
一一八　前掲、一九五頁。
一一九　事実、この交換的正義については、配分的正義に近いとする見解と、是正的正義に近いとする見解と、二様がある。前者の見解は、次のようである。「匡正的正義〈是正的正義〉が……交換的正義と異なることはだれの目にも明らかであるが、配分的正義の方はこれと相当の類似性をもっているように見える。」岩田靖夫『アリストテレスの倫理思想』（岩波書店、一九八五年）二六四頁。後者の見解は、次のようである。「配分的正義は、名誉および共同財をその市民に配分するに際して観念される正義である。ところが、アリストテレスが交換的正義に関して問題とするのは、あくまでも個人が所有する財の交換ないし取引きにおける正しさである。したがって、この正義を配分的正義の一種とみることは、紛れもなく不当である。」小沼進一『アリストテレスの正義論―西欧民主制に活きる法理―』（勁草書房、二〇〇〇年）一八五頁。
交換的正義は、幾何学比例か算術比例かという観点から見れば、是正的正義に近い。一方、交換的正義は、主に商品交換を対象にするのであれば、配分的正義に近い。前者は交換の当事者に着目し、後者は交換の対象に着目している。ただ、アリストテレスが、配分的正義で正義一般を論じた上で、その正義の具体化として、是正的正義、交換的正義と論じ進んでいるのなら、交換的正義が配分的正義や是正的正義と共通面を持つのは、言わば当然かも知れない。

なお、トマス・アクィナスは、アリストテレスの三つの正義を、全体対一と、一対一と、当事者の違いから、ふたつに整理し直している。トマスの整理では、交換的正義は、是正的正義に含まれる。「〈正義は全体と部分との関係によるが〉その一つは部分が部分に関係づけられる場合であって……この関係を指導するのが交換正義であって、それは二人の人格の間で相互的に双務的に為されることがらに存する。もう一つの関係は全体が部分にたいして有するものであって……この関係を導くのが配分正義であって、それは比例性にもとづいて共同的なるものを配分するのである。したがって、正義には二つの種、すなわち交換的と配分的の二つが見出される。」トマス・アクィナス／稲垣良典訳『神学大全』第一八冊（創文社、一九八五年）九七〜九八頁。もっとも、トマスは、ふたつの正義の違いは、当事者の違いだけではなく、対象の違いにもよるとして、こう言ってもいる。「配分正義と交換正義はたんに一と多に即して区別されているのではなく、帰属させられるべきものの異なった本質側面にもとづいて区別されているのである。というのも、或る人にたいして共同的なものが帰属させられるべきだとされる場合と、かれに固有なものが帰属させられるべきだといわれる場合、その意味はそれぞれ異なっているからである。」前掲、九八〜九九頁。
一二〇　アリストテレス／神崎繁訳『ニコマコス倫理学』一九八頁。
一二一　前掲、二〇〇頁。
一二二　前掲。
一二三　前掲。
一二四　前掲、一九八頁。
一二五　前掲、二〇〇頁。
一二六　前掲、二〇二頁。
一二七　たとえば、加藤伸朗訳『ニコマコス倫理学』（『アリストテレス全集』第一三巻、岩波書店、一九七三年）一五九頁。
一二八　アリストテレス／神崎繁訳『ニコマコス倫理学』二〇〇〜二〇二頁。
一二九　カール・マルクス／岡崎次郎訳『資本論』第一巻（『マルクス・エンゲルス全集』第二三巻a、大月書店、一九六五年）八〇頁。
一三〇　アリストテレス／神崎繁訳『ニコマコス倫理学』二〇二〜二〇三頁。
一三一　前掲、二〇三頁。
一三二　前掲、一八四頁。

一三三　前掲、一八四～一八五頁。
一三四　前掲、二三六頁。
一三五　前掲。
一三六　前掲、二三四頁。
一三七　前掲、二二六頁。
一三八　前掲、二〇三～二〇四頁。
一三九　マンデヴィルの著作が経済学者によく知られているのは、ケインズが、需要の果たす役割の重要性を述べたものとして、紹介していることにもよるかも知れない。ジョン・メイナード・ケインズ／塩野谷祐一訳『雇用・利子および貨幣の一般理論』（東洋経済新報社、一九九五年）三六〇～三六四頁。
一四〇　バーナード・マンデヴィル／泉谷治訳『蜂の寓話――私悪すなわち公益――』（法政大学出版局、一九八五年）三四～三五頁。
一四一　アダム・スミス／水田洋訳『道徳感情論』下巻、三一六～三一九頁。
一四二　前掲、三三五頁。
一四三　前掲。
一四四　アダム・スミス／水田洋訳『道徳感情論』上巻、二一七～二一八頁。

一四五　前掲、三六四頁。
一四六　前掲。
一四七　前掲、三六五頁。
一四八　前掲。
一四九　前掲。
一五〇　ウィリアム・シェイクスピア／中野好夫訳『ヴェニスの商人』一三七頁。
一五一　ジョン・グロス／富山太佳夫、越智博美訳『ユダヤの商人シャイロック』（青土社、一九九八年）五五五頁。
一五二　前掲、五二頁。
一五三　モリエール／鈴木力衛訳『守銭奴』二七頁。
一五四　アダム・スミス／水田洋訳『道徳感情論』上巻、三七〇頁。
一五五　前掲。
一五六　前掲、一六六〜一六七頁。
一五七　アダム・スミス／水田洋監訳、杉山忠平訳『国富論』第一巻、三九頁。
一五八　石田梅岩『都鄙問答』四一九頁。
一五九　前掲、四二〇頁。

一六〇　前掲、四二二頁。
一六一　前掲、四二三頁。
一六二　前掲、四二五頁。
一六三　前掲。
一六四　前掲、四二六頁。
一六五　前掲、四二八〜四二九頁。
一六六　前掲、四三二頁。
一六七　「石田先生語録」（柴田實編『石田梅岩全集』下巻、清文堂出版、一九七二年）一六七頁。
一六八　イマヌエル・カント／平田俊博訳『人倫の形而上学の基礎づけ』（『カント全集』第七巻、岩波書店、二〇〇〇年）一八〜一九頁。
一六九　前掲、一九頁。
一七〇　アラン／小林秀雄訳『精神と情熱とに関する八十一章』（創元ライブラリ、一九九七年）二三五頁。
一七一　前掲、二三六頁。
一七二　落語協会編『古典落語』第九巻（角川文庫、一九七四年）一二六〜一五四頁。
一七三　農林水産省表示規格課／新井ゆたか、中村啓一、神井弘之『食品偽装——起こさないためのケーススタディ――』（ぎょうせい、二〇〇八年）一二二～一二五頁。

一七四　ハンナ・アーレント／大久保和郎訳『新版エルサレムのアイヒマン――悪の陳腐さについての報告――』（みすず書房、二〇一七年）三四二頁。

一七五　マルガレーテ・フォン・トロッタ監督「ハンナ・アーレント」二〇一三年公開。

一七六　カントは、人殺しに追われた友人を家にかくまっている場合でも、もし人殺しに質問されたら真実を言うべきだと主張している。その理由は、うそを言っても、友人が助かる保証はなく、うそという不道徳を犯すほどの価値はない、というところにあるようだ。イマヌエル・カント／谷田信一訳「人間愛からの嘘」（『カント全集』第一三巻、岩波書店、二〇〇二年）二五三～二五六頁。

一七七　O・ヘンリーの短編小説に「最後の一葉」という作品がある。病床の少女は、秋風に蔦の葉が落ちるさまを見て、この葉が落ち切ったときに私の命も終わると言い暮らしていた。ところが何日経っても最後の一葉だけ落ちない。この事実に勇気付られて、少女は快方に向かう。落ちなかった一葉は、老画家が冷たい雨に濡れながら命掛けで壁に書きつけた絵だったのである。この嘘が道徳に反するものだとは思えない。オー・ヘンリー／大久保康雄訳『O・ヘンリ短編集』第三巻（新潮文庫、一九六九年）六～一六頁。

一七八　三省堂編修所『新明解故事ことわざ辞典（第二版）』（二〇一八年、三省堂）八六頁。

第五章　気前と市場

1

ここで気前と呼ぶのは、財や貨幣への態度に関する徳である。アリストテレスの言う「気前のよさ」[一七九]（エレウテリオテース〈自由人にふさわしいこと〉）とは、奴隷ではない自由人として、なにがしかの財産を持ち、その財産にとらわれないでいることを指す言葉である。

例によって、アリストテレスの場合、気前は財や貨幣への態度の中間性であり、両極端は放漫とけちである。気前の良い人は、放漫にもけちにも陥らないで、財や貨幣を有用に使う。「気前のよい人に特有なのは、どこから受け取るべきで、どこから受け取るべきでないかということよりも、むしろ与えるべき者に与える点である。なぜなら、徳に特有なことは人によく尽くされることよりも、むしろ人によく尽くすことであり、また醜い行いをしないことよりも、むしろ美しい行いをすることであるからである。[一八〇]」

気前のよさは、財を減らす方向において働く徳なので、財を支出することと、財を受け取らないことと、二つの面を持ちうるが、支出の面が重要だと言うのである。それは財を支出することは、財を受け取らないことより、困難を伴なうからである。自分のためではなく、他人のために財を支出するのは、損失を積極的に負うことだから、心の抵抗が大きい。受け取らないで我慢することは、利益をあきらめるが、消極的で、心の抵抗が少ない。だから、気前は多くの場合、支出の面で発揮される。

　アリストテレスが付け加えて言うには、気前が発揮されるとき、苦痛は伴なわない。「彼〈気前のよい人〉はこうしたものを喜んで、もしくは苦痛なしに与えるのである。なぜなら、徳に基づいたものは快いか、あるいは苦痛をともなわないか、苦痛があるとしても、もっとも少ないものだからである。[一八一]」

　しかしながら、これは、程度問題かも知れない。気前のよい人でも、支出する額によっては、多少の苦痛を覚えても不思議はない。気前の悪い人なら、そうした多額の支出は行なわないだろう。支出に苦痛を覚えるから、気前が悪いとまで言う必要はないはずである。支出額に比して苦痛が少ないのが気前のよさだと考えればよいだろう。

　ただし、気前のよさは、支出する額に比例するわけではない。いくら気前がよくても財力がなければ、たくさんは出せない。逆に気前があまりよくなくても、財力に恵まれていれば、たくさん出せるであろう。「それゆえ、少ない財産から与えるのであれば、より少ないものしか与えない者がより気前のよい者であることに何の妨げもない[一八二]」ことになる。貧者の一灯は、たとえささやかでも、気前のよさなのだ。

気前のよさは、中間性であり、不足でも過剰でもない。だから、日本語の通常の意味で「気前よく」野放図に支出する態度は、気前のよさにならない。そうした支出の行き過ぎは、放漫と呼ばれる。放漫な者は、出すべきでないときに出してしまうから、財産を無用に減らし、出すべきときに出せない。放漫は、額で上回ったとしても、気前を含みえないのである。

放漫な者は、過大な支出を補塡するために、受け取るべきでないものを受け取ってしまうという傾向も強く、そうした面でも気前のよさから遠い。アリストテレスの言では、「放漫な者は蕩尽したいという望みをもちながら、気軽にそうすることができないので、取得癖が生じる。というのも、手持ちのものをすぐに使い果たすからである。そのために、別のところから調達しなければならない。同時に、彼らは美しさなどということは微塵も気に掛けないので、あたり構わずどんなところからでも取って来るのである。ともかく、彼らは与えたいという一心で、どのような仕方で、またどこから得たものを与えるのかなどということは、彼らにはどうでもよいからである[一八三]。」

放漫な者の支出は、往々にして不適切であり、美しくない。放漫な者の支出は「貧しくても仕方ないような者を裕福にしたり、また性格の整った者にまったく何も与えず、追従その他の快さを提供してくれる人には多く与えるといったことをしがちである[一八四]。」

放漫とは逆方向へのゆき過ぎが、けちである。支出することが気前のよい人より少なく、受け取ることが気前のよい人より多い。アリストテレスによれば、放漫とけちとでは、放漫の方が「はるかにまし」[185]である。なぜなら、「前者〈放漫な人〉は多くの人々を益するが、後者〈けちな人〉は誰も益さない」[186]からである。また、放漫な人は、経験を積むことで、気前のよい人に変化・向上しうる可能性を持つが、「けちは回復の見込みがない」[187]という事情も付け加わる。けちの方が「人間の自然本性に備わったもの」[188]だからである。多くの人々は、金銭を手放す傾向よりも、金銭を愛する傾向の方が強い。アリストテレスの言では、「けちは放漫よりも大きな悪」[189]なのである。

2

気前は、財や貨幣の支出に関わる徳であるが、市場の内部で、気前が発揮されることは通常ありえない。

たとえば、小売り商が行なう商品の仕入れへの支出を考えてみよう。日本語の通常の意味で「気前よく」商品をたくさん仕入れることがあったとしても、普通それは他人のための支出ではないだろう。たくさん仕入れてたくさん売り、たくさんの利益を獲得する、そういう目的の支出増であろうから、それは利己主義による支出増であり、徳ではありえない。

何らかの理由で、仕入れ先を利するために、あるいは消費者を利するために、自らの損失を覚悟で、たくさん仕入れることも、なくはないだろう。だが、その場合、この取引には贈与が含まれるのであり、この贈与は商取引とは切り離し可能である。気前は発揮されるが、それは、商取引を介さないでも行なわれうるものだから、商取引に伴なう気前とは言えない。

投資目的の支出を考えても、同じことになる。多額の投資を「気前よく」行なうのは利益のためなら、徳ではない。利益のためでなく、多額の投資を行なうのなら、徳を含みうるが、その徳は投資と切り離し可能であり、投資に伴なう気前とは言えない。

そういうわけだから、市場の内部で気前が発揮されることは通常ないのである。

気前が発揮されるのは贈与の場である。商品経済が未発達で、贈与経済が物を言う社会では、気前も物を言うだろう。逆に言うと、商品経済が発達して、贈与経済の比率が下がれば、気前が物を言わなくなるということになる。

上のような文脈では、市場は気前をなくす方向に作用すると言ってよい。ただし、それは市場が気前に働きかけて気前を抑制するというわけではなく、贈与経済を商品経済に置き換えることによって、気前が発揮される場をなくしてゆく、ということである。仮に、市場は気前それ自体には中立的だとしよう。つまり、市場があっても、なくても、気前のいい人は気前のいい人であり続け、気前のよくない人は気前のよくない人であり続ける。たとえそうであっても、気前の前提条件である贈与経済が縮小するなら、気前の発揮される機会は減少するだろう、ということである。

市場の発達によって贈与経済が縮小しても、気前の発揮される機会がなくなるわけではない。たとえ縮小しても、贈与がなくなることはないからである。むしろ、市場が発達して機会が減少することが、かえって、贈与の意味を高めるということもあるだろう。ほとんどすべての物品を市場で調達する現代人にとって、誰かからプレゼントされた物は、特別の意味を持つ。あるいは、市場で何でも買えるはずの相手に何かをプレゼントするとしたら、何を贈るか、とても簡単には済ませられない重大事である。

つまり、市場は、気前の発揮する場を減らすことによって、気前の発揮を目立たせ、個々の気前の重みを増している可能性がある。

もっとも、贈与の中には、儀礼化してしまい、重みを失なっているものも多い。冠婚葬祭などの行事に伴なう贈与のやり取りは、昨今のわが国では、個人が行なう贈与の大きな部分を占めるが、贈与する相手との近親度や相場によって、その大きさが予想の範囲内に収まるようになっている。こうした環境下では、気前は必要ない。なまじ気前よくふるまうと、人間関係の調和を乱す可能性がある。それは、慎慮の不足であろう。

さらに、ごく近しい相手、たとえば家族などに対する贈与は、贈与のうちに入らない点にも注意が必要である。自分の子供に「気前よく」物を買い与えたりするのは、言わば自分の一部に贈与しているに過ぎず、気前がいいわけではない。贈与された子供の喜びは、迂回して自分に戻ってくるのである。だから、それは、利己的な行動であることを免れない。

贈与の場で発揮されるべき気前であるが、現時点ではイメージしづらいところがある。

ここで、アンドレ・コント・スポンヴィルの考えを参考にしよう。アンドレ・コント・スポンヴィルの「心の広さ」（ジェネロジテ〈generosity〉）に関する発言には、注目すべき点がある。

スポンヴィルの言う「心の広さ」は、フランス語のジェネロジテという語の範囲の広さを受けており、アリストテレスのエレウテリオテース（気前のよさ）だけでなく、アリストテレスのメガロプシューキアー（矜持）を兼ね備えた概念である。[一九〇]（本書は、アリストテレスの矜持について、次章で取り扱う。）

スポンヴィルはこう言う。「お金以外のものを与えることもできるのだから、あらゆる事柄を金銭の問題にしてしまうのはいきすぎだが、金銭には数量化できるという利点があること、金銭はそのためのものであるということを忘れてはならない。だからこそ、たとえば君は収入の何パーセントを、君より貧しく不幸な人びとを助けるために使うかといった問いがなりたつ。[一九一]」

スポンヴィルは、「心の広さ」は、金銭で計測できるし（アリストテレス的な気前の面でなら当然である）、貧しく不幸な人たちへの援助の額で計測できる、と主張するのである。

スポンヴィルによれば、税金を通じた援助は除外すべきである。税金は自ら進んで払っているわけではないからだ。また、家族や親しい友人に対する援助も除外されねばならない。家族や友人への援助は、自分自身のためにしているようなものだからだ。家族や友人に対して「心の広さ」が発揮される場合もあるだろうが、それは稀であろう。

「こうしてまた同じ問題に逢着する。すなわち、あなたは自分の家の収入の何パーセントを心の広さの現われと呼ばれるような使い方に、言いかえればあなたやあなたの友人の幸福とはちがう幸福のために当てるかという問題である。答えは各人各様だろうが、私の考えではほとんど全員が一〇パーセントも当てないだろうし、ちゃんと計算するとたいていは一パーセントにも満たないだろう。[一九二]」

この指摘にうなずかない人はいないはずである。家計収入の一パーセントというのは、結構な額だろう。それを、見ず知らずの他人か、よく知らない人のために支出するのは、並たいていのことではない。著者の家計がこれまでもっとも多額の寄付を行なったのは、東日本大震災のあった二〇一一年であったが、柄にもなくあちこちに寄付した総額は、家計収入の一パーセントには届かなかった。

もし、収入の一パーセント程度を他人のために使っていないなら気前がいいとは言わない、などと定義したら、気前がいい人はほぼいなくなってしまう可能性がある。収入の一パーセントという割合が肝心である。アリストテレスが述べていたように、収入の多い人はたくさん支出できるし、収入の少ない人は少ししか支出できない。だから、気前よくしようとするなら、収入の多い人は、かなり多くを支出しないと、気前よいことにはならない。恵まれているのに、貧者の一灯を称して、ありきたりの額しか出さない人は、けちなのである。

逆に、恵まれていない人があえて気前よくしようとすれば、それは容易なのかと言えば、決してそうではない。恵まれていない人は、むしろ気前よくされたい方であろう。そうであるのに、目の前にもっと恵まれていない人がいるのを見て、わずかな額を与えてしまうのが、気前のよさなのである。

だから、これは、容易な徳ではない。はた目に少し「気前よく」ふるまっているように見せていても、自分は本当は気前よくない者であると自覚し、むしろ自分はけちだと反省する他ないのが普通であろう。普通の人には、なかなか手の届きにくい徳である。

とは言え、気前よくない普通の人の一人であることは仕方がないとしても、どちらかと言えば気前のよい方の部類に入れるよう、望むことはできる。

恵まれない人々への寄付などによって、気前を測定できることが分かったが、市場と気前との関係は、よく分からないままである。

市場が経済成長を促進するなら、気前は助長されるのか。経済成長によって、社会の寄付などの総額は増えても、気前には変動がないだろう。収入が増えれば増えた分だけ、気前に関わる支出を増やさねばならないからである。

市場と気前との関係は一時棚上げにして、いったんアリストテレスに話を戻してみよう。アリストテレスには、気前と似た概念として、「豪気」[一九三]（メガロプレペイア〈大きさにふさわしいこと〉）というものがあり、気前を凌駕するレベルを指す。豪気は、気前とは異なり、「もっぱら支出のみに関わる。[一九四]」少なく取るという豪気はない。豪気のレベルでは、少なく取ることは、マイナスに取ることにしかならないからだろう。

豪気と気前とはどのように違うのか。レベルが違うという、そのレベルの違いはどこで線引きできるのか。アリストテレスはこう言う。「小さな事柄や中くらいの事柄においてそれに見合った支出を行う者は豪気な者とは呼ばれず（たとえば、『われ幾たびも放浪者に施せり』というような者）、むしろ大きな事柄においてそうしたふるまいをする者が豪気な者と言われるのである。[一九五]」

普通の人が心掛けてするような施しは、豪気ではないわけである。それは、気前にしかならない。「たとえば奉納品や神殿の造営、供犠といった神々に関わる支出や、同様にあらゆる神事に関わる支出、そしてまた悲劇の合唱隊や三段櫂船〈軍船〉、あるいはポリスを挙げての饗宴などを、どうにかして盛大に設えねばならないと算段する場合のような、公共のために名望家に求められる支出こそ、豪気な者の出番である。[一九六]」

普通の人では不可能な支出を行なうのが、豪気なのである。だから、両者の違いは支出する額の違いであって、徳の深さの違いではない。「必然的に豪気な人は気前のよい人でもある[一九七]」という関係になり、豪気は、放漫とは異なり、気前を包みうる。あるいは、逆に、豪気は気前の一種であり、並外れて恵まれた人の気前が豪気なのだと言うこともできる。

だから、恵まれない者に豪気は無縁である。貧者の一灯は気前になっても豪気にはならない。「貧しい者は豪気な者ではありえないだろう。なぜなら、貧しい者は多くを支出するにふさわしい蓄えをもたないからである。それでもなおそうした企てをする者は、愚か者である。……そうした多額の支出がふさわしいのは、自分自身によるにせよ、先祖によるにせよ、あるいは人付き合いによるにせよ予め蓄えのある者であり、さらに生まれがよいとか定評があるとか、そうした類いの者である。」[一九八]

豪気は、特別な立場にある者、有力者にのみ求められる徳なのである。

ひるがえって、気前はどうなのか。「貧者の一灯」という言葉を繰り返してきたが、それは、気前としても、ぎりぎりのところで成立するものであろう。豪気まで行かなくても、余裕のある自由人が、その余裕との兼ね合いを取りつつ、精一杯恵まれない人のために支出する。気前とはそういうものだろう。だからこそ、気前は、条件次第で豪気になりうる。

気前は、豪気と類縁関係にある。アリストテレスの時代であれば、それは、自由人にこそ似つかわしい徳であったろう。気前は、身分社会にふさわしい徳であったと言ってもよい。そうであるならば、市場が気前に中立的ではなく、気前を抑制するものだとしても、問題はないかも知れない。市場が身分社会を掘り崩すものであるのなら、市場は気前を抑制すると同時に、気前が発揮されるべき場をも掘り崩すからである。

とは言え、市場が広範に人々の経済生活に浸透した社会にあっても、気前が発揮される場が、なくなってしまうわけではなさそうである。相変わらず、貧者の一灯の価値はなくならないし、恵まれた者であれば、豪気さえありうる。

アリストテレスの時代にあっても、自由人であれば、皆が余裕しゃくしゃくというわけではないだろう。自由人にも色々あったはずであり、それゆえにこそ、アリストテレスは、「少ない財産から与える」ことの価値について、注意しているのである。

われわれの時代にあっても、色々であることは変わらない、資本家階級やそれに連なるような立場の人たちは、ときに豪気が求められるであろう。中間階級に属する人々も、いくぶんそれに近いだろう。

社会の大部分を占める労働者階級であっても、労働者のあり方が多種多様であるような発達した市場社会の中では、余裕の如何は色々でありうる。だから、今現在、大部分の人たちにおいても、気前は発揮されうるし、発揮されるべきものであろう。

市場が発達して、贈与の役割が低下することにより、気前が発揮される場は減少するだろうが、気前が発揮される場がなくなるわけではない。市場には、恵まれない人たちを作り出すという面もあるので、市場は贈与を駆逐できない。加えて、気前のような性質の徳は、市場のあるなしにかかわらず、自らが発動されるべき機会を求めてやまないであろう。

したがって、市場によって、気前が役割を失なうことはない。残る問題は、市場は気前を抑制するのかどうか、という点だけである。

気前は、市場での取引に直接関わらない。その意味では、勇気や正義とは異なる。勇気や正義は、取引に関わることができる徳なので、利益を求めるという取引の本質に規定されて、市場がない場合のようにはいかない、という面がある。

自己犠牲的な徳である勇気は、市場迎合的な行動よりも、反市場迎合的な行動に結び付きやすく、だから市場は勇気になじみにくい。

正義は、公正の裏打ちを欠くと、あやしくなるという性質を持っている。だから、市場での取引主体が、利益を追求し、公正を持たないために、市場は不正義に傾斜しやすい。

これらに対して、市場と気前は、取引での直接の関わりを持たないために、市場が気前を抑制する関係にはならない。市場は、その限りにおいて、気前に対して、中立的である。

ただし、市場が、利益を追い求める人間を作り出し、不利益を避けようとする人間を作り出すのであれば、市場は気前に抑制的に働く可能性がある。

この書物の最後にまとめを行なうことを予定して、次のような表記法を導入しよう。この表記法は、あるいは邪道の類いかも知れないが、まとめを簡便にしてくれそうな気がする。

市場が徳に対して中立的である場合を、

MV ＝ V

市場が徳を阻害する場合を、

MV ＜ V

市場が徳を促進する場合を、

MV ＞ V

と表記する。

市場と気前との関連についてのこれまでの考察を反映させると、気前という徳への市場の影響は、

MV ≦ V

ということになるだろう。

《注》

一七九　アリストテレス／神崎繁訳『ニコマコス倫理学』一四二頁。

一八〇　前掲、一四三頁。
一八一　前掲、一四四頁。
一八二　前掲、一四五頁。
一八三　前掲、一四八頁。
一八四　前掲、一四九頁。
一八五　前掲、一四八頁。
一八六　前掲。
一八七　前掲、一四九頁。
一八八　前掲。
一八九　前掲、一五一頁。
一九〇　ボッカッチョの『デカメロン』に出てくる「気前のよさ」にまつわる物語にも、イタリア語の範囲の広さに起因する訳語の問題があるようだ。物語そのものは、けちな男が名士を招待し、壁に飾るべき絵について質問すると、名士は「気前のよさ」を飾るべきだと答え、男は恥じ入って、その後他人に鷹揚にふるまうようになった、というものである。この「気前のよさ」につき、訳者の平川祐弘氏は注記して、次のように述べている。「『気前のよさ』とここで日本語に訳したが、イタリア語原文ではCortesia〈コルテシア〉が用いられ、同一語源のCourtesy

が多くの英訳でも用いられ、フランス語訳でも同様にCourtoisie〈クルトワズィ〉が用いられている。……しかし、ドイツ語訳にFreigebigkeit〈フライゲービヒカイト〉『物惜しみせず与えること』とcortesiaを前後関係の中で解釈した訳語もある。cortesiaの『礼儀正しさ』、『礼節』、『親切』などの観念は、具体的な人間関係の中では、『物惜しみせず与えること』にもなるからであろう。それでGenerosityとした英訳もある。語の本来の意味である『礼儀正しさ』とその具体的な一例である『物惜しみせず与えること』の両者に跨る簡単な言葉として、ここでは『気前のよさ』を拙訳に用いた。」平川祐弘訳『デカメロン』上巻（河出文庫、二〇一七年）一一一〜一一二頁。

一九一　アンドレ・コント・スポンヴィル／中村昇、小須田健、コリーヌ・カンタン訳『ささやかながら、徳について』（紀伊國屋書店、一九九九年）一五一頁。

一九二　前掲、一五二頁。

一九三　アリストテレス／神崎繁訳『ニコマコス倫理学』一五一頁。

一九四　前掲。

一九五　前掲、一五二頁。

一九六　前掲、一五三〜一五四頁。

一九七　前掲、一五三頁。

一九八　前掲、一五四頁。

第六章　矜持と市場

1

ここで矜持というのは、自尊の適切さを示す徳である。

アリストテレスの矜持（メガロプシューキアー〈心が大きいこと〉）は、虚栄と卑屈を両極端とする中間性である。アリストテレスが言うには「矜持ある人とは、自分自身を高大なものに値すると見なし、現にそれに値する人である……[一九九]。」

つまり、矜持は、自分の価値に見合う自尊というだけでは駄目なのである。自分の価値がある程度以上に高いことを前提に、それに見合う自尊が矜持なのである。だから、自分の価値が低ければ、それにふさわしい自尊であっても、矜持にはならない。人物が小さければ、矜持に意味はないのである。

それゆえ、これも、困難な徳である。アリストテレスによるなら、「腕を振って一目散に逃げたり、不正を働いたりすることは、矜持ある人に決してそぐわない……[二〇〇]。」勇気が不足したり、正義や公正が伴なっていなかったりすれば、そのことを良く自覚して、自分は大した人物ではないと適切に自己評価していても、それは矜持ではないのである。

矜持を単体として取り出せは、それ自体は自尊の適切さを示すだけであっても、自尊に値するだけの内実が欠ける人であるなら、自尊を持ちようがないはずであり、矜持にはならないということである。

「人にまったく、もしくはほとんど要求することなく、むしろ積極的に人に奉仕し、地位のある人々や幸運な人々に対しては大いなる態度で、また普通の人たちには適度な態度で接するのが、矜持ある人の特徴である。[二〇一]」人を助け、自分は助けを求めず、有力者を前にぺこぺこせず、大衆を馬鹿にしない。そういう人が矜持の人というわけである。

アリストテレスはこうも言う。「矜持ある人は、実りある有益なものよりも、実りはなくとも美しいものを手に入れようとする人である。[二〇二]」つまり、利益を求めるのは矜持ある人にふさわしくなく、徳を求めるのが矜持ある人なのだ。人物の価値を大きくするのは利益ではなく、徳であるとするなら、これは当然だろう。

デカルトの場合、矜持はジェネロジテ〈generosity〉であって、アンドレ・コント・スポンヴィルの「心の広さ」に通じる概念となっている。

デカルトは、矜持について述べるに先立ち、「どんな理由でひとは自分を重視できるか[二〇三]」と問い、次のように自答する。「わたしは、自分を重視する正しい理由となりうるものを、わたしたちのうちにただ一つしか認めない。すなわち、わたしたちの自由意志（リーブル・アルビトル〈free referee〉）の行使、わたしたちの意志に対して持つ支配である。というのも、わたしたちが正当に賞賛または非難されうるのは、ただ、この自由意志に依拠する行動だけであり、また、わたしたちはこの自由意志の与える権利を臆病のせいで失わない限り、自由意志はわたしたちを自身の主人たらしめ」[二〇四]るからである。

　誰かの言いなりになったりせず、自由意志ないしは心の中の審判にのみ従うことによって、つまり自分が自分の主人である限りにおいて、人の行ないはその人自身と一体となる。その行ないが徳にかなうならば、その徳の価値はその人自身に帰属することになろう。

　自由意志は誰でも持っているものであるから、自らの自由意志を重視するならば、他の人の自由意志も重視するのは当然となる。だから、デカルトの理解からすれば、矜持は、自尊であると同時に他尊でもなければならない。

　デカルトの言では、「矜持は他人を軽視しないようにさせること[二〇五]」であり、「この人たち〈矜持ある人たち〉は、誰をもけっして軽視しない。そして、たとえ、他の人たちが弱点を顕わしてしまうような過ちを犯すのをしばしば見ても、責めるよりも、許そうと……する。そして、この人たちは、自分よりも財産や名誉を持つ人々、さらには自分よりも才能、知識、美しさを持つ人々、また一般に他の何らかの美点で自分よりすぐれている人々に対して、自分がはるかに劣っているとは考えないが、同時にまた、自分よりも劣っている人々に対して、自分がはるかに上だとも考えない。[二〇六]」

大事なのは善き意志なのであり、その人の付属物である財産や知識等は、取るに足りない。「善き意志こそ、この人たち〈矜持ある人たち〉が自己を重んじる唯一の理由であり、また、他の人間たち一人ひとりのなかにもある、少なくともありうる、とみなすものなのだ。[二〇七]」

だから、デカルトの場合、矜持は謙虚と結び付く。「最も矜持ある人たちは、通常、最も謙虚な人たちである。そして、気高い謙虚とは、ただ次のことに存する。わたしたちの本性の弱さについて反省し、また、わたしたちがかつて犯したかもしれない、あるいは今も犯しうる過ちについて、しかもそれらが他人の犯しうる過ちに劣らず大きいことについて反省し、この反省をとおして、誰よりも自分を優先させず、他の人たちも、わたしたちと同じく自由意志を持っているのだから、同じようにそれを善く行使できる、と考えること。[二〇八]」

自尊の根拠である自由意志が、他の人にも備わっていることを知っていれば、自尊は他尊でもなければならないのは、道理である。自尊であるはずの矜持が、同時に他尊であり、謙虚でもあると言うのである。

ここまで読んだ限りでは、デカルトの矜持には、人物の価値の高さは含まれず、虚栄や高慢でもなく、卑屈でもない、という自尊の適切さだけが、矜持だとされているようにも見える。しかし、そうでもない。デカルトは、こうも言っているからだ。「矜持ある人たちは、本性的に、偉大なことを行おうとするが、自分の能力のうちにあると感得しないことはいっさい企てない。また、他人のために善をなし、そのためには自身の利害を軽視することを最大のことと考えるから、誰に対しても、つねにこのうえなく礼儀正しく、愛想よく、親切だ。」[二〇九]

自分に見合った企てしかしないという謙虚さを持つだけではなく、つまり、適切な自尊に基礎付けられた企図だけをなす、というだけではなく、他人のために善をなすなど、価値の高い人物であることが要求されているのである。アリストテレスと同様に、利害にこだわらない、という点にも、注意しておきたい。

カントの場合、矜持（ゼルプストシェッツング〈self-esteem〉）との関連で、デカルトの自由意志と同等の役割を担うのが、人格である。

「人格としてみられた人間、すなわち道徳的・実践的理性の主体としてみられた人間はすべての価格を超え出ている。なぜなら……目的それ自体として尊重されねばならないからである。すなわち、人間は尊厳（絶対的な内的価値）を有し、これにより人間は、この世界の他のあらゆる理性的存在者に自分への尊敬を強要し、そうした存在者と自分とを比較し、平等の立場から評価することができるのである。」[二一〇]

人間は、人格を持つがゆえにこそ、誰にも隷属しない。そして、人格のゆえにこそ、誰とでも平等なのである。

　こうした理解は、デカルトに通ずるものであり、だから、カントの場合も、矜持は、謙虚と結び付く。「法則〈道徳法則〉との比較において、自分の道徳的価値が取るにたらぬ存在であることの意識および感情は、謙虚である。[二一]」この謙虚は、誰しも持たざるをえない謙虚であり、言わば避けられない謙虚である。こうした謙虚を伴なうのであれば、矜持は、虚栄とははるかに遠い。

　カントは、虚栄や高慢と矜持との混同を戒めて、次のように言う。「高慢は、名誉心としての矜持（シュトルツ〈pride〉）……とは異なる。すなわち、自分の人間としての尊厳を他人との比較において少しも失わないという用心……とは区別される。……高慢とは、いわば野心家が追従者を得て、この追従者に軽蔑的にする権利があると思いこむようなもので、これは不正であ[二二]」る。虚栄や高慢は、追従者つまり卑屈な者との関係で生ずる、と言うのである。

「高慢なひとは、常に心の底では卑劣である……。高慢な人は、自分の幸運が急転したならば、実際かれは自分の方から卑屈な態度をとったり、また他人からの尊敬をいっさい断念することを少しも困難には思わないであろうことを、もしも気づいていないとしたならば、自分との比較において他人が自らを低く評価するよう、他人に対して不当に要求することもないであろうからである。[二一三]」カントが言うには、高慢や虚栄は、条件次第では、卑屈になるはずのものである。そうであるからこそ、条件次第で、相手に卑屈を要求できるだろう、と言うのだ。

しかし、カントの言う通りではなかろう。むしろ、幸運によって地位や財産に恵まれ、地位や財産ゆえに高慢や虚栄に取りつかれている人たちは、運が暗転して、地位や財産を失なうことを、想定していないのではないだろうか。だからこそ、安心して虚栄にひたれる。こうした人たちは、地位や財産を失なって、虚栄や高慢の根拠をなくしたとき初めて、自分が誇りと思っていたものが虚栄や高慢であったことを知る。そして、たぶん、卑屈になるだろうが、その卑屈は予定されたものではないであろう。

とは言え、カントの述べるように、高慢や虚栄が卑屈と対であることは否めない。それらは、一方が他方を前提とし、他方が一方を前提とする関係にある。デカルトも次のように指摘している。「弱く劣った精神を持つ人たちは偶然的運のみによって導かれ、逆境では卑屈になり、それと同じに順境では高ぶる。[二一四]」

だから、カントに戻って、矜持を保つためには、卑屈にならないと心掛けさえすればよい。自らに卑屈を許さなければ、虚栄や高慢に場を与えることもないのである。「ひとの奴隷となるな。……返済のあてが少しもない借金をするな。……寄宿者や追従者……乞食にはなるな。それゆえに、極貧にならぬよう、倹約せよ。[二一五]」

カントのこのくだりでは、経済状態に関わる言葉の多さが印象的である。経済状態次第で、人は卑屈に陥りやすいものだからであろう。

2

市場があると矜持は影響を受けるのだろうか。よく考えないで、真に矜持の備わった人であるなら、市場があろうがなかろうが、その矜持には変わりがない、と言いたくなる。では、市場は矜持に対して中立的と言ってよいのか。どうも簡単ではなさそうである。

簡単ではないのは、市場が虚栄や卑屈を強める可能性が高いからである。市場では、買い手と売り手との間に、非対称的な力関係が生ずる。何でも買える一般的等価物である貨幣の所有者すなわち買い手が、貨幣によって買われないと自らの価値を実証できない商品の所有者すなわち売り手よりも、圧倒的に優位に立つ。

この力の偏在は、売り手の側に卑屈を、買い手の側に虚栄を、作り出す原因となる。そうした両極端があらわになるのが、いわゆるクレーマーの問題である。

クレーマーというのは、小売り商などに対して苦情を持ち込む消費者の中で、常軌を逸しているものを指す。苦情を言う消費者が直ちにクレーマーというわけではもちろんない。脅迫や暴行を伴なう場合や、不当な金品を要求する場合もあり、それらは不法行為となる。そこまで行かなくても、小売り商などの側が、逆に訴えたくなるような苦情を持ち込むのがクレーマーである。

クレーマーの問題は、かなり頻繁に起こっているようで、事例を紹介する書物が多く出回っている。そうした書物を読むと、驚くような事例がふんだんに出てくるのであるが、ここでそれらを取り上げることはしない。

驚くべきは、クレーマーの手口の数々よりも、これら多種多様なクレーマーたちへの対処法がほぼ確立されていることである。クレーマーの事例を紹介する書物は、クレーマーへの対処法を説くものがほとんどである。これら書物の著者は、企業でクレーマーへの対処の経験を積んで今は「クレーム・コンサルト」という職業に従事している人、弁護士などであり、クレーマー問題のプロである。クレーマーへの対処が、仕事として成り立つぐらい、クレーマーが多いということなのである。

クレーマー問題のプロの対処法が物を言う相手の多くは、「プロ」のクレーマーとも言うべき人々で、クレームをつけることから利益を引き出そうとする場合がほとんどである。こうしたクレーマーは、苦情を持ち込む消費者のごく限られた一部であるはずなのに、プロの対処が必要なほど多いのである。

ということは、クレームから利益を引き出そうとはしない、普通の苦情を持ち込む消費者の数は、もっとはるかに多いということになりそうである。クレームから利益を引き出そうとする「プロ」のクレーマーにしても、最初からそうだったわけではなく、最初は普通の苦情を持ち込む消費者だったのかも知れない。つまり、「プロ」のクレーマーを頂点とし、初めて苦情を持ち込む初心者のクレーマーを底辺とする、クレーマーのピラミッドのようなものが出来上がっている可能性があるのだ。

それはともかく、買い手が優位に立ち、売り手が劣位に立つ、という商品経済特有の力関係がなければ、クレーマーが引きも切らずに出てくることはないだろう。商品の売買ではない、物々交換にあっても、交換した後でよく見たら約束が違うじゃないか、ということはありうる。しかし、そういうことは、物々交換の場合、どちらにも起こる互い様のことなので、クレーマー問題にはならない。

クレーマー問題が、クレーマー問題になるのは、消費者の苦情を、売り手の側が軽々しく取り扱えないという、売り手の側の立場の弱さがあるからである。「お客様は神様」という奇妙な言葉があるが、この言葉の奇妙さは、お客が神であるはずがないのに、お客であるからには神様扱いせざるをえない、という本音と建て前のへだたりの大きさにある。

市場があることによって、一方に虚栄的な強さが、他方にこうした卑屈的な弱さが発生する。クレーマー問題が多発する土壌は、この市場がもたらす人間関係のバイアスであろう。クレーマー問題の多発は、市場が矜持を困難にしていることの、ひとつの重要な現われと思われるのである。

「プロ」のクレーマーに限って言うなら、たぶん彼らは虚栄に取りつかれてはいない。彼らは、むしろ打算に基づいて行動している。ただし、彼らの打算が成り立つとしたら、その打算を成立させている土壌は、市場が一方に虚栄を他方に卑屈を作り出すゆえのものなのである。


これに加えて、アリストテレスやデカルトが主張しているように、利害にこだわると矜持にならない、という点があるかも知れない。ところで、利害にこだわると、なぜ矜持にならないのか。一般的に利害にこだわると、徳にならないわけではあるが、アリストテレスやデカルトは、なぜわざわざ矜持を説明するくだりで、利害にこだわると矜持にならないと述べたのだろうか。

矜持は与える徳ではないから、損を覚悟する必要はないはずである。ならば、利害に「こだわる」はともかく、利害を意識していても、矜持ある人でいられなくなるわけでもないように思える。

アリストテレスはその点に関連して、こう言っている。「軽蔑できることが、矜持ある人の特徴であると思われる。個々の徳は、道理に反して大事にされている物事を軽視するように、人々を仕向ける。例えば、勇気はさまざまな危険を顧みず……この軽蔑的態度こそ、とりわけ矜持ある人に固有な心情なのである。さらに、名誉や生命や財産など、世間の人々が熱心に執着すると思われるもののうちで、名誉以外にはいかなるものについても、彼はまったく顧慮しない。[二二六]」

矜持と名誉とを結び付けて考えるのがアリストテレスの特徴なのであるが、アリストテレスによれば、名誉だけを重視するのが矜持なので、その他の大事、財産などは重視されない、というわけである。

それはそうかも知れないが、矜持あるということが、直ちに利害を放棄するということでなくてもいいような気もする。利害を大切に日々の暮らしを立てつつ、必要なときに矜持を発揮すればいいではないのか。

デカルトの言い分も聞いてみよう。デカルトはこの点との関連で次のように言う。「この人たち〈矜持を欠く人たち〉は、しばしば見られるように、何らかの利益が期待できる相手や、自分に損害を与える恐れのある相手に対しては、恥ずかしげもなく卑屈になり、何も期待できず、恐れることのない相手に対しては、横柄に傲然となるのである。[二一七]」

デカルトの言い分は、矜持を欠くと、利益を得られるとき卑屈になり、利益を得られないとき虚栄になる、というものである。もちろん、卑屈になったり、虚栄になったりすれば、矜持にはならない。しかし、利益を得られるときに卑屈にならず、利益を得られないときに虚栄にならずに、つまり矜持を保持しながら、利益を得たり、利益を得られなかったりすることは、できない相談でもないような気がする。

もっとも、利益を得るために卑屈になったり、利益を得られないときに虚栄になったりするのが、ありそうなことには同意せざるをえない。市場が買い手に虚栄、売り手に卑屈を作り出すことは、垣間見た通りだからである。

ただ、ここでは、アリストテレスやデカルトの主張には完全には同意せず、矜持を保ちつつ、利害に関心を持つことは、可能としておきたい。だから、この点では、市場は矜持と背反しない。

もうひとつ、カントの主張、経済状態次第で人は卑屈になる、という点はどうだろう。貧しいと卑屈になるというのは、大いにありそうなことではある。しかし、あまり恵まれなくても気前が可能だったように、貧しくとも矜持は可能のように思える。常に矜持を保てるかは別として、貧しい人が、是非とも矜持を保つべきときに、矜持を保つことはできると考えたい。

もっともそう考えるとしても、貧しさは矜持にはマイナスに働くだろう。市場との関連で言うなら、市場が貧しさを作り出す面があるとすれば、市場には矜持を損なう面がある。

まとめよう。クレーマー問題に見られるように、市場は一方に虚栄、他方に卑屈を作り出すから、市場は矜持を損ないやすい。利害に関心を持っても、矜持は保持されうると考えてよいのであれば、この点では、市場は矜持に背反しない。市場が貧しさを作り出すのであれば、市場は矜持を損なう。価値を伴なわないと矜持にならないという点でも、市場は矜持を損なう。

以上から、矜持という徳への市場の影響は、

$$MV < V$$

ということになるだろう。

《注》

一九九　アリストテレス／神崎繁訳『ニコマコス倫理学』一五六頁。
二〇〇　前掲、一五九頁。
二〇一　前掲、一六二頁。
二〇二　前掲、一六四頁。
二〇三　ルネ・デカルト／谷川多佳子訳『情念論』一三三頁。
二〇四　前掲、一三三〜一三四頁。
二〇五　前掲、一三四頁。
二〇六　前掲、一三五頁。
二〇七　前掲。
二〇八　前掲、一三五〜一三六頁。
二〇九　前掲、一三六頁。
二一〇　イマヌエル・カント／樽井正義、池尾恭一訳『人倫の形而上学』三一一頁。
二一一　前掲、三一二頁。
二一二　前掲、三五四〜三五五頁。

二一三　前掲、三五五頁。
二一四　デカルト、前掲、一三九頁。
二一五　カント、前掲、三一三頁。
二一六　アリストテレス／荻野弘之訳『エウデモス倫理学』三〇四頁。
二一七　デカルト、前掲、一三九頁。

第七章　感謝と市場

1

スピノザによれば、「感謝あるいは謝恩とは我々に対して愛の感情から親切をなした人に対して親切を報いようと努める欲望あるいは同様な愛の情熱である。[二一八]」

感謝は親切への報いであるから、親切がないと感謝もできない。その親切がなされる動機は、愛だと言うのである。スピノザの場合、愛の意味が広いことに注意を要する。スピノザの愛の定義は「外部の原因の観念を伴なった喜び[二一九]」というものである。愛の原因は、自分の内部ではなく外部にある。それは、観念でもよい。たとえば、あの人が自分のそばにいなくとも、あの人が世界のどこかにいると思うだけで喜びを感ずる、という具合であろう。

スピノザによれば、愛すれば、親切にしたくなる。「ある人を憎む者はその人に対して害悪を加えようと努めるであろう。……また反対に、ある人を愛する者は同じ条件のもとに、その人に対して親切をなそうと努めるであろう。[二二〇]」

そして、自分が愛されることを知れば、愛し返したくなる。「もしある人が他人から愛されると表象し、しかも自分は愛される何の原因も与えなかったと信ずる場合は……彼はその人を愛し返すであろう。[二二]」

だから、愛は親切を生むし、愛し返しからの親切をも生むわけである。だから、愛は感謝を生む。しかし、感謝がなければどうか。「愛に基づいて、あるいは名誉を期待して、ある人に親切をなした人は、その親切が感謝をもって受け取られないことを見るなら悲しみを感ずるであろう。[二三]」感謝がなければ、悲しみを生むのである。

「自分と同類のものを愛する人はできるだけそのものから愛し返されるように努める……だから、愛に基づいてある人に親切をなした人は、愛し返されるようにとの願望をもって、言いかえれば、……名誉すなわち……喜びを期待して、それをなすのである。したがって彼は……名誉のこの原因を表象することに、あるいはこの原因を現実に存在するものとして観想することに、できるだけ努めるであろう。ところが（仮定〈親切が感謝をもって受け取られないことを見るなら〉により）彼はこの原因の存在を排除する他のあるものを表象する。ゆえに彼は……まさにそのために悲しみを感ずるであろう。[二三]」

したがって、スピノザにおいては、親切にされたら感謝は必須となる。感謝しないと、親切にしてくれた人を悲しませてしまう。その悲しみは愛を阻害せずにはおかない。

親切に対する感謝は、単になされればいいというものではない。親切の大きさに応じた適切な大きさの感謝でなければならない。

ところが、相手が悪いと、こちらが適切な大きさの感謝をしても、感謝の大きさが足りないと感じられる恐れもある。「無知の人々の間に生活する自由の人はできるだけ彼らの親切を避けようとつとめる。……誰かに親切をなした無知の人はそれを自己の意向に従って評価するであろう。そして彼はそれを受けた人からそれがより小さく評価されるのを見るとしたら悲しみを感ずるであろう。……ゆえに自由の人は、無知の人々から憎しみを受けぬために……彼らの親切をできるだけ避けようと努めるであろう。[二二四]」

なかなか、ひとすじ縄ではいかないようだが、徳の備わった者同士であれば、親切と感謝のやり取りは齟齬を生じないで、うまくゆく。「自由の人々のみが相互に最も多く感謝しあう。……自由の人々のみが相互に最も有益であり、かつ最も固い友情の絆をもって相互に結合する……そして同様な愛の欲求をもって相互に親切をなそうと努める。……したがって……自由の人々のみが相互に最も多く感謝しあう。[二二五]」ここでスピノザが「自由の人々」と言っているのは、徳の備わった人と同義と受け取ってよい。スピノザが「自己以外の何びとにも従わず、また人生において最も重大であると認識する事柄……のみをなす……自由人と名づける[二二六]」人々である。

カントは感謝について次のように言う。「感謝とはわれわれになされた親切のゆえに、ある人格に敬意を払うことである。この判定と結びついている感情は……親切をしたひとに対する尊敬の感情であり、これに対して、親切をした人は、親切を受けたひとに対して、ただ愛の関係にあるとみられる。[二二七]」

愛からの親切、親切ゆえの感謝という関係は、スピノザと同様である。カントはこうも言う。「感謝は義務である。すなわちそれは、私の被った親切に対して私の拘束性を表明することによって、他人にもっと多くの親切をさせようという、単なる思慮の格率（感謝という行為はもっと大きな親切への招待である）といったものではない。……むしろ感謝は、道徳法則による直接の強要なのであり、すなわち義務である。[二二八]」

やはりスピノザと同じく、感謝は必須のものである。そして、感謝したからといって、受けた親切が、たとえば商品をもらった返礼に貨幣を渡せば関係が終了するように、終了するわけではないと指摘する。「受けた親切にどれほど報いても、この親切を清算することはできない。というのは、親切を受けたひとは、それを与えたひとがもっている功績の優越、すなわち親切において先行したという優越を、決してこのひとから取り上げることはできないからである。[二二九]」

カントによれば、親切な行ないでなく、親切な気持ちだけでも、感謝の対象となる。「このような行動（親切の）が伴わなくて、単なる心のうちでの好意でさえも、すでに感謝へと義務づける根拠となる。[二三〇]」

さらに、感謝の対象は死者にも及ぶとして、こう言う。「こうした感謝の外延に関しては、それは単に同時代のひとにだけではなく、祖先にも、さらには名前を特定することのできないひとにさえ及ぶのである。このことはまた、われわれの師とみなしうる古代の人物を、あらゆる攻撃や告発および軽視に対抗して、できるだけの弁護をしないことがなぜ無礼なことと考えられるかの理由でもある。[二三一]」

そして、カントもまた、スピノザと同様、往々にして適切な感謝が行なわれないこと、さらに、感謝することを回避するために人の親切を避けようとする場合があること、を指摘する。「親切なひとにたいする背恩は、そのひとを憎むにまで及べば、本格的な背恩であり、それほどでなければ、単に忘恩と呼ばれるが、世間一般の判断では、最高に嫌うべき悪徳なのである。それにもかかわらず人間は、この悪徳を頻繁に犯すので、親切にすることによりかえって敵をつくる結果になるということが、まったく本当に思えるほどである。このような悪徳の可能性の根拠は、自己自身に対する義務を誤解することにある。それは、他人からの親切は他人への拘束性をわれわれに課することになるので、親切を必要とせず、また催促もせず、むしろ生の重荷には自分ひとりで耐えて、他人をそれで煩わしたり、またそうすることで、他人に負い目（義務づけ）をつくることのないようにしよう、という誤解である。

そう誤解するのは、親切にされることでわれわれは、被保護者という保護者に対して一段低い立場に陥り、そしてこのことを、真の矜持（自己自身の人格における人間性の尊厳を誇りにするという）に反したことと恐れるからである。それゆえに、親切にする時点で必ずやわれわれに先行しているにちがいないひとに対しては（思い出に残る祖先や、両親に対して）惜しみない感謝が示されるが、しかし時代を同じくするひとに対しては、ほんのわずかばかりの感謝や、それどころか、非対等な両者の関係を隠そうとするために、感謝の念の正反対さえもが示されるというわけである。[二三]」

スピノザが危惧した親切と感謝との齟齬は、親切に対する感謝が足りないと誤って感じられる点にあった。カントが危惧している親切と感謝の齟齬は、親切を恩着せがましく感じて、感謝を怠るという点にある。スピノザの危惧は、適切な感謝をしても、足りないと感じられる危惧であり、それは親切な人の側の問題である。それに対して、カントの危惧は、親切な行ないに対して、適切な感謝を返せない、感謝をするべき人の側の問題である。

スピノザやカントの危惧は、感謝という徳が、決して簡単ではないことを示している。感謝を引き起こす親切も、それに応じる感謝も、ある大きさを持つものであり、だから両者のつり合いが問題になりうるからである。与え合う両者のつり合いが問題になるという点では、正義と同様の問題がそこにはある。正義のように、つり合いが問題になったとき、裁判官のような調停者が登場できるわけではないので、余計に問題の解決はむずかしいと言えよう。

2

市場は感謝の言葉に満ち溢れているように見える。商品を買ってもらって、感謝の言葉を述べない小売り商がいるだろうか。しかし、問題は、まさにそこにある。消費者が商品を買うのは、小売り商に対する親切ではないからだ。

この問題は、経済学とも多少の関わりを持つ。ここでの問題は、マルクスが『資本論』で展開している「価値形態論[23]」という議論に関連している。

マルクスは価値形態論の最初に、「単純な、個別的な、または偶然的な価値形態」を表わすものとして、次の等式を掲げている。

二〇エレのリンネル＝一着の上着

この等式は、リンネルを持つ商品所有者が市場にやってきて、他の商品所有者たちに対して、二〇エレのリンネルを一着の上着とならば交換してよい、と提示していることを意味している。この等式は等号で結ばれているけれども、数学の等式のように無条件に逆転できる性質は持たない。提示しているのはリンネルの所有者であって、上着の所有者ではない。つまり、等式の左辺の商品と右辺の商品とでは、役割が異なる。

マルクスは、左辺の商品の役割を「相対的価値形態」、右辺の商品の役割を「等価形態」、と名付けている。相対的価値形態にあるリンネルは、価値（交換価値）と使用価値という、二様の価値を持っているが、上の等式では、自らの価値を、他商品の使用価値で表現していることになる。リンネルも使用価値を持つが、リンネル所有者にとってその使用価値は他人のための使用価値であり、リンネルは他商品と交換されうる価値物でしかない。そのリンネルの価値を、自分の欲する使用価値である上着を材料に、表現しているわけである。

上着所有者が市場におり、リンネル所有者の提示を知り、上着一着をリンネル二〇エレと交換してもよいと思えば、彼は即座にそれを実行できる。つまり、この場合の主導権は、等価形態の側にある。

そして、リンネル二〇エレの価値は上着一着の価値に等しいという価値表現は、一方的な提示に過ぎないので、実際に二〇エレのリンネルが一着の上着と交換されてみないと、価値表現が適切だったかどうかは分からない。たとえば、市場に上着の所有者がいて、リンネルを欲しいと思っていても、一着の上着を二〇エレのリンネルと交換するのは損だと思えば、一着の上着＝三〇エレのリンネルという提示で答えるかも知れない。交渉の結果、二五エレのリンネル＝一着の上着という比率で交換が行なわれれば、両者の価値関係はそこで一応成立することになる。

しかし、こうした形での価値関係の成立は、なかなか困難である。リンネル所有者が上着所有者のみを相手に提示しても、上着所有者がいなかったり、あるいは上着所有者がいても提示された価値の比率に合意しなかったりすれば、価値関係は成立しない。だからこそ、マルクスはこの価値形態を「偶然的な」価値形態と呼ぶわけである。

そこで、マルクスの議論は、次の等式に表わされる「全体的な、または展開された価値形態」へと展開する。

二〇エレのリンネル＝一着の上着
二〇エレのリンネル＝一〇ポンドの茶
二〇エレのリンネル＝四〇ポンドのコーヒー
二〇エレのリンネル＝一クォーターの小麦

二〇エレのリンネル＝二オンスの金
二〇エレのリンネル＝二分の一トンの鉄
二〇エレのリンネル＝その他

これらの等式は、リンネルを持つ商品所有者が市場にやってきて、他の商品所有者たちに対して、二〇エレのリンネルを一着の上着、一〇ポンドの茶、等々とならば交換してよいと、提示していることを意味している。リンネルは、相変わらず相対的価値形態にあり、一着の上着等々は等価形態にある。だから、ここでも、主導権は右辺の商品を持つ所有者にある。

この価値形態は、右辺の商品が増えている分だけ、先の偶然的な価値形態に比べ、実際の交換へと進みやすい。ただし、右辺の商品群の外延がリンネル所有者の欲望にまだまだ制限されており、完全に一般化していない。さらに、ここに示されるのはリンネル所有者の提示だけであり、上着等々の所有者が別に提示する等式と、簡単に調整されることは期待できない。

こうした全体的な価値形態の欠陥を克服するとされるのが、次の等式に表わされる「一般的価値形態」である。

一着の上着＝二〇エレのリンネル
一〇ポンドの茶＝二〇エレのリンネル
四〇ポンドのコーヒー＝二〇エレのリンネル
一クォーターの小麦＝二〇エレのリンネル
二オンスの金＝二〇エレのリンネル
二分の一トンの鉄＝二〇エレのリンネル
等々の商品＝二〇エレのリンネル

これらの等式が示すのは、市場に上着、茶等々の所有者たちがやってきて、リンネルの所有者に対して、一着の上着を二〇エレのリンネルとなら交換してよい、一〇ポンドの茶を二〇エレのリンネルとなら交換してよい、等々と提示していることを意味している。ここでは、リンネルは、もっぱら等価形態にのみ立つ商品となっている。上着所有者が上着の価値をリンネルで表現するのは、もはや上着所有者がリンネルを使用価値として欲しいからではない。むしろ、ここでは、リンネルはそうした使用価値から自由なもの、使用価値として役立つことではなく、あらゆる商品から交換の対象として欲せられるものとして、独特の位置にある。商品世界にあるリンネル以外の商品たちの共同行為によって、リンネルだけが排他的に等価形態に立たされているのである。こうしたリンネルのあり方をマルクスは「一般的等価物」と呼ぶ。

この一般的価値形態では、個々の商品はいったん一般的等価物であるリンネルと交換され、その上で各商品所有者が欲する使用価値を持つ商品と交換される。個々の商品は、その所有者の欲望に制限されることなく、リンネルと交換されることができるから、先の全体的価値形態の欠陥は克服されたことになる。

しかし、一般的等価物が、リンネルのように、かさ高く、あまり細かに分割できないような商品であることは、一般的等価物としてふさわしくない。そこで、たとえば金が、一般的等価物の地位を占めると、一般的価値形態は、次の「貨幣形態」に移行する。

二〇エレのリンネル＝二オンスの金
一着の上着＝二オンスの金
一〇ポンドの茶＝二オンスの金
四〇ポンドのコーヒー＝二オンスの金
一クオーターの小麦＝二オンスの金

二分の一トンの鉄＝二オンスの金
x量の商品A＝二オンスの金

この貨幣形態こそ、市場で通常見られる商品売買の形態である。金に貨幣名を与えれば、「価格形態」が成立する。たとえば、一オンスの金に一ポンド（二〇シリング）という名称を与えれば、二〇エレのリンネルは二ポンドという価格を持つことになる。

もっと身近な形に近づけて言うなら、一エレのリンネルは二シリングであり、一着の上着は二ポンドであり、一ポンド（重量ポンド）の茶は四シリングである、ということになる。

さて、商品が貨幣に対して売られる日常的な事柄だが、それは、上述来の価値形態の発展・展開を基礎に行なわれているのである。

価値形態の展開の出発点である単純な価値形態においては、相対的価値形態に立つリンネルと等価形態に立つ上着は、相互に入れ替わって価値表現を行ないうる、対等な立場にあったと言ってよい。ところが、この貨幣形態では、等価形態に立ちうるのは貨幣商品としての金のみであり、その他の商品は等価形態に決して立てない。

そのことが示すのは、単に、貨幣という手段によって商品流通が容易になったということではない。商品世界の中で、排他的に等価形態に立つ貨幣は、他の商品が代替できない特別な座を占める。何でも買える特殊な商品である貨幣は、商品世界の中で決定的な主導権を持つのである。

だから、商品と貨幣との交換である売買は、相互に対等な営みではない。売りと買いとは対等ではなく、買いに主導権がある。マルクスが述べるように、「商品の……売り、商品体から金体への商品価値の飛び移りは……商品の命がけの飛躍である。」[二三四] こうして、商品の売り手の立場は、買い手に比して、格段に低いものとなる。

「矜持と市場」の章でも触れたように、市場は、買い手に虚栄を、売り手に卑屈を作り出すが、その根本には、こうした貨幣の主導権があった。

市場で日々行なわれている売買では、売り手が感謝の言葉をていねいに述べる一方、買い手は無言で立ち去るのが普通になっている。感謝の言葉を述べる買い手もいないわけではないが、まれである。無言ではあるが会釈ぐらいはする、というのはましな方で、何事もなかった体で立ち去る者が多い。

著者の狭い経験では、ヨーロッパの人々の間では、商品やサービスを受け取ると、thank you に類する言葉を述べる人がほとんどのようだ。ただし、その thank you に類する言葉は、本当に感謝を述べているのか、交渉終了の宣言なのか、はっきりしないふしもある。

いずれにせよ、市場があることで、ものやサービスを受け取る側が感謝する度合いは格段に薄れたはずである。これは、マルクスの価値形態論が示すように、市場の原理から導かれるものなので、必然である。

贈与であれば、ものやサービスを受け取る側は、大いに感謝するだろうし、せねばならない。贈与は親切の一種だから、それに対して感謝しないのは、恩知らずである。スピノザ的に考えるなら、感謝しないと相手を悲しませ、相手から憎まれる可能性がある。

ところが、商品と貨幣のやり取りでは、貨幣の主導権が、人間関係を逆転する。ものやサービスを受け取る側が感謝するのではなく、逆に、ものやサービスを手渡す側が感謝するのである。この逆転は、劇的なものである。

ヨーロッパで中世の終わりに商品経済が発達する過程で生まれた貨幣への嫌悪は、キリスト教の影響もさりながら、こうした人間関係の逆転がもたらしたものであろう。阿部謹也氏の言葉を借りると「モノを与えた人（売り手）に対して、受け取った人（買い手）がすぐその場で何ら自分の人格とは関係がない金属片（貨幣）を渡して、何の返礼もせず去ってしまったら……十一世紀以前の倫理の世界に生きていた人ならば、腹をたてるよりは相手を軽蔑したでしょう」[二三五]ということになる。

日常のやり取りの繰り返しの中で無意識に行なっていることが、いかに感謝を欠いていることか、愕然とするところがある。しかし、それを普通にするのが市場なのだ。市場で感謝の言葉を述べ続けている、売り手の側はどうなのだろう。心から感謝しているのだろうか。であればご苦労なことだ。もっとも、感謝しているのは、お客に対してではなく、お客が払ってくれる貨幣に対してなのかも知れない。

商品の売買から離れたらどうだろうか。市場があることで感謝は変わるのか。市場があることで贈与が減るということの効果は、無視してよいだろう。贈与が減れば感謝は減るかも知れないが、それは市場が感謝を抑制していることではないと理解しておきたい。

まとめよう。市場は、貨幣に主導権を与えることで、売買において、ものやサービスを受け取る側の感謝を劇的に減らした。売買から離れたところでは、市場は感謝に中立である。

以上から、感謝という徳への市場の影響は、

MV < V

ということになるだろう。

《注》

第七章　感謝と市場

二一八　ベネディクトス・デ・スピノザ／畠中尚志訳『エチカ』上巻（岩波文庫、一九五一年）二四九頁。
二一九　前掲、二三九頁。
二二〇　前掲、二〇九頁。
二二一　前掲、二一二頁。
二二二　前掲、二一三頁。
二二三　前掲、二一三〜二一四頁。
二二四　スピノザ／畠中尚志訳『エチカ』下巻、八一〜八二頁。
二二五　前掲、八二頁。
二二六　前掲、七八〜七九頁。
二二七　イマヌエル・カント／樽井正義、池尾恭一訳『人倫の形而上学』三三九頁。
二二八　前掲、三四〇頁。
二二九　前掲。

二三〇　前掲。
二三一　前掲、三四一頁。
二三二　前掲、三四六頁。
二三三　カール・マルクス／岡崎次郎訳『資本論』第一巻、六四～九六頁。
二三四　前掲、一四一頁。
二三五　阿部謹也『中世の窓から』（朝日新聞社、一九八一年）二三〇頁。

第八章　同情と市場

1

マックス・シェーラーは、他者の感情を理解する、他者の感情について行く、という意味での「同感」からは、倫理的な価値は引き出せないとして、次のように言う。

「ある人が悪事に対していだく喜び、あるいは目のまえの善事に対していだく苦しみ、あるいは憎しみ、悪意、加虐趣味にわれわれが同感することは、たしかに道徳的にみて価値あることではない。それとも、AがBの災いに対していだく喜びにわれわれが同感する——ここでは共歓（ミットフロイデ〈ともに喜ぶこと〉）する——ことは、道徳的に価値ある態度であろうか[二三六]。」

　確かに、同感は、その対象の如何によって、徳を促す方向に作用せず、徳に背く方向に作用する可能性がある。シェーラーが言うには、ここに同感と愛との違いがある。「他者への愛は、たとえば残忍な人間がいてかれがある他人の苦悩を喜ぶとき、しばしばかれという他人が『そのようなこと』を喜びうることにわれわれが苦しむことを要求するし、またその苦しみへみちびくであろう[二三七]。」同感というものは、「価値盲目的[二三八]」なのだ。

だから、シェーラーの考えでは、アダム・スミスのように、同感から倫理的な価値を引き出そうとするには、無理がある。「スミスによれば、人間は一人だけでは、自分の体験、意欲、行動、存在のなかで直接倫理的価値に出会うことは決してない。かれがかれの態度を褒めたり非難したりする観察者の判断や態度様式のなかへとわが身を転じ、あげくに一人の『公平な観察者』の目をもって自分を観察することによって……かれのなかにも肯定的および否定的意味における自己評価への傾向が生まれるというのである。[二三九]」

このようなスミス流に従えば、他人の態度が自分に及ぼす影響によって、自分自身についての自分なりの判断が負けてしまう、ということが生じかねない。「たとえば、中世の魔女裁判の折に、多くの魔女たちがみずから魔法に対して罪責感をもち、死刑の宣告をみずから正しいと感じたときの事情がまさにそうであった。……アダム・スミスにしたがえば、世間のすべてが罪ありとみなし、誤って有罪宣告を受けたものは、みずからも罪ありと感じなければなるまい。[二四〇]」こうしたことがまかり通るならば、自分が自分自身に負うところの良心は、意味を失なう。だから、単なる同感から倫理的価値を引き出すことはできないと、シェーラーは主張するのである。

シェーラーが道徳的に重視するのは、共歓と共苦（ミットライト〈ともに苦しむこと〉）とであるが、より重要なのは共苦である。この共苦こそ、シェーラー的に理解された同情に他ならない。

なぜ共苦が重要なのかと言えば、それは、共苦が持つ実践的意味に関わっている。「共苦は人助けの行為の原因であり、それゆえまた、同情を受ける側にあって……直接的になんら実効をもたない共歓よりもより高く評価されるのである。[二四一]」

共歓も共苦もともに価値を持つ。共歓の価値は、嫉妬によって妨げられやすいものなので、共歓が働くことは、「高貴な心術[二四二]」である。しかし、道徳的な行動を引き起こすという点では、共苦が重要なのだ。

マックス・シェーラーの同情についての議論は、彼の言う共同感情（ミットゲフュール〈ともに感じること〉）という包括的な概念に関する議論の一環である。共同感情に関する議論は、共同感情の諸相として、感情伝播（ゲフュールアンシュテックング〈感情の伝染〉）等々が取り扱われており、かなり複雑である。

ルソーは、もっと簡明に、同情について述べている。「もし自然が人間に理性の支柱として同情（ピティエ〈compassion〉）を与えなかったとしたら、人間はそのすべての徳性をもってしても、怪物にすぎなかったであろう……実際、矜持、寛容、人間愛というものは弱者、罪人あるいは人類一般に適用された同情でなくてなんであろうか。親切や友情でさえも、それを正しく理解するならば、特定の対象にそそがれた不変の同情から生まれたものである。なぜならある人が苦しまないようにと望むのは、その人が幸福になるようにと望むことにほかならないではないか。[二四三]」

ルソーのこの発言は、ホッブズの見解を批判する文脈の中で行なわれている。ホッブズは、いわゆる「自然状態」では、人は利己主義に走り、他者を害してはばからないから、「万人の万人に対する戦い」が生ずる、と考えていた。だから、ホッブズの主張する社会契約は、何よりもまず、この「万人の万人に対する戦い[二四四]」を防止するためのものであった。

こうしたホッブズの見解に対して、ルソーの考える「自然状態」は、貧しくとも、そして理性の助けがなくとも、同情によって人と人とが結ばれる、平和な状態であった。だから、ルソーの主張する社会契約は、ホッブズの主張する社会契約より、ゆるやかなものでありえたのである。

「同情が一つの自然的感情であることは確実であり、それは各個人における自己愛の活動を調節し、種全体の相互保存に協力する。他人が苦しんでいるのを見てわれわれが、なんの反省もなく助けにゆくのは、この同情のためである。また自然状態において、法律、習俗、美徳のかわりをするものはこれであり、しかもその優しい声にはだれも逆らおうとしないという長所がある。すべての丈夫な未開人に、どこかほかで自分の生活物資が見つけられるという希望があれば、か弱い子供や病弱な老人が苦労して手に入れた生活物資をとりあげる気を起こさせないのは、この同情である。[二四五]」

ルソーの場合、同情は、彼の社会契約説の出発点としての「自然状態」を説明する、鍵と言うべき概念である。ルソーは、「自然状態」において人間が人間たちの中で平和に暮らしてゆける基礎に、同情という感情を据えている。同情は、ルソーにとって徳以前かも知れないが、同時にあらゆる徳に先行し、あらゆる徳の前提をなすものでもあった。

ショーペンハウアーも、ホッブズの見解を念頭に、人間の根本にはエゴイズムが居座っており、このエゴイズムを野放しにすれば、「万人の万人に対する戦い」が日常茶飯事になってしまう、と言う。だから、エゴイズムを退けないと、徳は行なわれない。「エゴイズムは、道徳的衝動が戦わねばならない、唯一ではないにしても、第一の、そして最も主要な勢力[二四六]」なのである。

ショーペンハウアーはそこから論を進めて、エゴイズムが少しでも侵入すれば、一見道徳的ないかなる行為も、道徳性を失なうと言う。「われわれは、ふつう人間のあらゆる行為を呼びおこす動機の欠除を、つまり語の最も広い意味における利己的動機の欠除を道徳的価値をもつ行為の独自な特徴と考えるのである。だから、まさに利己的動機が発見されると、その行為の道徳的価値は、その利己的動機が唯一の動機だった場合には完全に消滅し、利己的動機が副次的に作用していた場合にはそれだけ減殺される。したがって、いっさいのエゴイスティックな動機の不在こそ、道徳的価値をもつ行為の標識である。[二四七]」

ショーペンハウアーの言では、行為というものは、直接に行為者自身の快・不快に結び付いているのであれば、利己的であって、道徳的価値は持たない。たとえ、間接的に回り回って、また、はるか遠い将来の期待であっても、行為者自身の快・不快に結び付いているのであれば、同じように道徳的価値は持たない。行為が道徳的価値を持つためには、行為の能動側が、行為の受動側の快・不快にのみ関心を持ち、受動側が害をこうむらず、受動側が助けや便宜を受けるという目的で行為すること、これが条件となる。「この目的のみが、行為……に道徳的価値の刻印を捺すのである。したがって、この刻印は、もっぱらその行為がただ他者の利益のためにのみ行なわれたことに……もとづく。[二四八]」

このように、他者の利益を目指すという目的が、行為に道徳的価値の刻印を捺すのであるなら、人間が道徳的行為に向かうことは、人間が他者の快・不快を感じとり、他者の快を欲し、他者の不快を欲しない、ということが前提になる。それは、「わたしがなんらかのかたちで他者と同一化していることを、言いかえれば、まさにわたしのエゴイズムがそれにもとづいている、わたしとすべての他者とのあいだにあるあの完全な区別がすくなくともあるていど解消していることを、要求する。[二四九]」

そうした他者との区別の解消は、「同情（ミットライト〈ともに悲しむこと〉）という日常的な現象[二五〇]」に見られる。「まったくこの同情のみが、あらゆる自発的な公正とあらゆる真正な人間愛のほんとうの基礎なのである。行為は、同情に発するかぎりにおいてのみ道徳的価値をもち、これ以外のどのような動機に発する行為も、すべて道徳的価値をもたない。[二五一]」

ショーペンハウアーの場合も、同情こそがあらゆる徳の根源である。同情という他者への直接的関心が、道徳的な衝動として作用することによって、道徳的な行為が導かれるのである。「この直接的関心〈同情〉がいきいきと深く感じられたり、相手の困窮が大きくかつ切迫したものであると、それに応じて、わたしは、この純粋に道徳的な衝動によって、相手の必要や困窮に大なり小なりの犠牲を払うように動かされる。つまり、他人にたいするわたしの身体的もしくは精神的諸力の労苦、わたしの財産、わたしの健康や自由、さらには私の生命をも犠牲に供するのである。したがって、ここにこそ、この直接的関心に、いかなる論証をも支えとせず、また必要ともしないこの関心に、人間愛の……徳の、唯一純粋な根源があるのである。[二五二]」

ショーペンハウアーもルソーと同じく、しかしルソーよりも厳密に、同情こそ徳の根源だと主張している。

一方、スピノザのように理性を重視する論者にあっては、同情にはあまり大きな価値が与えられない。

スピノザは「憐憫（コミセラーティオー〈pity〉）とは我々が自分と同類であると表象する他人の上に起こった害悪の観念を伴った悲しみ[二五三]」と定義している。また、「同情（ミセリコルディア〈compassion〉）とは他人の幸福を喜びまた反対に他人の不幸を悲しむように人間を動かす限りにおける愛である。[二五四]」と定義している。そして、両者の間には本質的な差はないとも考えているようである。

その上で、こう言う。「憐憫は理性の導きに従って生活する人間においてはそれ自体では悪でありかつ無用である。[二五五]」なぜなら憐憫は悲しみだから、それ自体悪である。憐憫から徳が生ずることがあるにせよ、憐憫がなくとも、理性が十分に働くならば、徳はあやまたずに行なわれるであろう、というのがスピノザの言い分である。

「理性の指図に従って生活する人は、できるだけ憐憫に動かされないように努めるということになる。……自然の永遠なる諸法則、諸規則に従って生ずることを正しく知る人は、たしかに、憎しみ、笑いあるいは軽蔑に価する何ものも見いださないであろうし、また何びとをも憐れむことがないであろう。むしろ彼は人間の徳が及ぶ限り、いわゆる正しく行ないて自ら楽しむことに努めるであろう。[二五六]」悲しみなどの悪感情を遠ざけていれば、楽しみながら徳をなすことができるはずだ、と言うのである。

ただし、それは、いわゆる賢人にのみなしうることである。凡人であるなら、理性が不足して、感情の助けを借りないと、隣人を救えない可能性がある。だから、スピノザにも次のような留保を加える必要があった。「私はここで明らかに、理性の導きに従って生活する人について語っているのである。というのは、理性によっても憐憫によっても他人を援助するように動かされない者は非人間と呼ばれてしかるべきである。[二五七]」

理性ですべての必要な徳をなしうるのがスピノザの理想ではあっても、同情のような感情の働きで徳が行なわれることを、排除するわけではない。

スピノザは憐憫と同情の区別に頓着しないふしがあるが、カントは、両者を明確に区別している。

カントによれば、憐憫とは、救うことができない人への感情移入であり、自分が苦しむ分だけ世界の苦しみを増大させる。親切によって取り除けない当事者の苦しみを苦しんでも意味がないし、そうした苦しみに基づく親切はありえない。「このことは実際、侮辱的な親切の仕方であろう。そうした親切は、無価値なものに関係する好意を表現しており、憐憫と名づけられ、そして、自らが幸福であるに値することを少しも誇ろうとはしない人間相互の間では、決してなされるはずのないことだからである。[二五八]」

カントの言い方には、憐憫には相手を見下す要素があるとの含意がある。

カントによれば、同情は義務である。「必需品にもこと欠く貧者の居住地を避けたりせず、むしろそのひとたちを訪問することや、どうしても抱かざるをえない痛みの伴う共感を回避せんがために、病室や罪人の獄舎などに背を向けるといったことをしないことも、義務である。[二五九]」

感情が義務であるとは理解に苦しむが、カントの文脈は、「愛の義務は、A親切、B感謝、C同情（タイルネームング〈感情に参加すること〉）の義務である[二六〇]」というものなので、必ずしも、同情を感情の作用に限定していないのかも知れない。

2

妻と知り合ったのは、ふたりが同じ大学の学生のときであったが、徐々に親しくなるに連れて、迷いのようなものが生じた記憶がある。そこには若い男性に共通であろう迷いもあったが、特別な迷いも含まれていた。妻が身体障害者であったからである。

妻は幼い頃、自宅の前の県道で大型トラックに轢かれ、左腕を失なった。その障害は軽いものではない。

迷いというのは、だいぶ先になって妻と結婚しようという段に進んだ折に、母が泣いて止めようとしたという事実を先取りしたものではない。独善的なところがある私は、そういう周囲の無理解は気にしていなかった。

私の迷いは、この人の障害を共に背負って生きていけるだろうか、というものでもなかった。当時の私は、妻の障害の重さを見くびっていた。妻は実際、学生生活上も、日常生活上も、何でも人並みにできるように見えた。だから、鈍感な私は、妻の障害は、大したものでないように感じていた。

私の迷いは、自分の妻に対する好意の中に、「同情」が入り込んでいるのではないか、という疑問から派生するものであった。もし、「同情」にほだされているのであれば、それは純粋さを欠くことになる。あるいは、「同情」による優位を利するのであれば、それは不平等である。

私が、危惧するべきは、同情ではなく、憐憫なのであった。私は自分の心の中を探って、「同情」はないと思ったが、それは憐憫がないことを意味していた。同情は、むしろするべきで、同情は足りないのだった。

「同情するなら金をくれ」という激しいせりふを、少女俳優が吐くことで有名なテレビ・ドラマがあった。この「同情」は当事者に対する優越感を伴なった憐憫であろう。憐憫からも、貧苦や悲惨への援助は生ずる。しかし、援助を受け取る側からするなら、同情からの援助とはやや趣きが違うかも知れない。優越感を伴なわない同情からの援助は、心からの感謝を引き起こすに違いない。他方、憐憫からの援助は、言わばさげすまれた上での援助だから、さげすまれた分だけ価値が減ずる。もし、憐憫を見せるだけで援助を怠るならば、さげすまれたという被害意識しか残らない。そこで、「同情」すなわち憐憫するなら、「金をくれ」ということになるのではないか。乱暴なようだが、同情と憐憫の違いを、鋭く突いているようでもある。

優越感を伴なわない同情であったとしても、当事者の貧苦や悲惨があまりにも酷くて手出しできないほどであるなら、そして当事者にだけそのことが分かっているので、無益な同情はいらないから金をくれ、と述べているようにも受け取られうる。当事者が惨状から抜け出す手助けは無理だろうから、せめて金をくれ、ということである。

いずれにせよ、同情するだけで、また憐憫するだけでは、大した価値はなさそうである。たとえ、たかが金だけであっても、出さねば同情の価値は小さいと言えよう。

同情と憐憫とは、本当のところ、どう違うのか。

Oxford English Dictionary を引くと、憐憫（pity）の項には、「A feeling or emotion of tenderness aroused by the suffering, distress, or misfortune of another, and prompting a desire for its relief〈他者の苦悩、困窮、不幸によって引き起こされる気持ちないしは感情で、救援の欲求を促す〉」[二六一]とある。そして、同情（compassion）の項には、「Suffering together with another, participation in suffering〈他者とともに苦悩すること、苦悩の共有〉」[二六二]とあり、また、「The feeling or emotion, when a person is moved by the suffering or distress of another, and by the desire to relieve it〈他者の苦悩や困窮によって、救援の欲求によって、引き起こされる、気持ちないしは感情〉」[二六三]ともある。微妙な違いしかないようだが、憐憫は苦悩を共有せず、同情は苦悩を共有する、という違いがあるようだ。

一方、研究社の『新英和大辞典』を引くと、同義語の説明として、憐憫（pity）には「自分より下か弱い者の苦痛や不幸を見て感じる悲しみ（時に軽い軽蔑を含む）」[二六四]とある。そして、同情（compassion）には「他人の苦しみに対する同情で、援助したいという衝動を伴うもの」[二六五]とある。ここでは、憐憫には優越感が伴ない、同情には優越感がない、憐憫は援助しないが、同情は援助する、という違いがあるとされている。

OEDによると、同情も憐憫も援助へ向かうのは同じである。しかし、同情は苦脳を共有し、憐憫は苦悩を共有しない。だから、同情の方が憐憫より、当事者に同化する度合いが強く、たぶん価値が高い。

研究社の方は、もっと明確に同情の価値が高い。憐憫には優越感が伴なうし、憐憫は援助に向かわないからである。（憐憫は援助に向かわないと明記されているわけではない。ただ、同情は援助に向かうと明記されつつ、憐憫も援助に向かうとは明記されないので、憐憫は援助に向かわないように読めるのである。）

だから、OEDでも研究社でも同情の価値が高いことは共通であるが、研究社のように、憐憫はしない方がましと言わんばかりの解釈は極端に過ぎるように思われる。徳としての同情や憐憫を考える場合、憐憫が無価値であるとは言えないであろう。

ルソーの用いる同情という言葉は、憐憫と読み替えても一向に差支えないような性質のものであろう。他人が苦しんでいるのを黙って見ていられず援助に向かうのであれば、優越感を伴なう憐憫であっても価値があるし、あらゆる徳の前提の資格がないわけではない。

カントが憐憫を嫌うのは、カントが憐憫を、援助に向かわない感情と定義しているからに他ならない。憐憫の意味をカントのように狭めるのではなく、援助に向かうこともありうる感情と広くとらえるなら、憐憫にも価値はある。

たとえ、援助に向かわないとしても、他者の苦悩に共感するだけで、他者の苦悩に鈍感であるより、好ましいようにも思われる。そうした他者の苦悩への共感が積み重なれば、やがては援助に向かう可能性があるからである。

だから、ここでは、憐憫は、優越感を伴なう分だけ、また援助に向かわない場合がある分だけ、同情に劣るが、援助に向かうなら価値があるし、援助に向かわないとしても、他者の苦悩への共感である点だけでも価値があるとしておきたい。

さて、市場と同情との関連である。同情は勇気や正義のように、市場での取引に入り込みうる徳ではない。同情は、市場での取引から離れたところでのみ成立する。市場での取引に同情が加わると、もはやそれは正常な取引ではなくなっているであろう。

だから、市場は同情に影響できない。その意味では、市場は同情に中立的である。

ただし、市場が発達するほどに人間関係を薄め、同情が発揮される場を減らす可能性はある。あるいは、人々が市場に適応するにつれ、とかく損得に目を奪われるようになり、他者の苦悩などが目に入らなくなってゆく、という可能性もあるだろう。

一方、市場が同情を促進することはありえない。

以上から、同情（憐憫を含む）という徳への市場の影響は、

$$MV \leqq V$$

ということになるだろう。

《注》

二三六　マックス・シェーラー／青木茂、小林茂訳『同情の本質と諸形式』（『シェーラー著作集』第八巻、白水社、一九七七年）三〇頁。

二三七　前掲。

二三八　前掲。

二三九　前掲、三一頁。

二四〇　前掲、三一～三二頁。

二四一　前掲、二三五頁。

二四二　前掲。
二四三　ジャン・ジャック・ルソー／本田喜代治、平岡昇訳『人間不平等起源論』（岩波文庫、一九七二年）七三頁。
二四四　トマス・ホッブズ／水田洋訳『リヴァイアサン』第一巻（岩波文庫、一九九二年）二一〇頁。
二四五　ルソー、前掲、七四～七五頁。
二四六　アルトゥル・ショーペンハウアー／前田敬作、芦津丈夫、今村孝訳『倫理学の二つの根本問題』（『ショーペンハウアー全集』第九巻、白水社、一九七三年）三〇九頁。
二四七　前掲、三一七頁。
二四八　前掲、三二二頁。
二四九　前掲、三二三頁。
二五〇　前掲。
二五一　前掲。
二五二　前掲、三四八～三四九頁。
二五三　ベネディクトス・デ・スピノザ／畠中尚志訳『エチカ』上巻、二四二頁。
二五四　前掲、二四三頁。
二五五　スピノザ／畠中尚志訳『エチカ』下巻、六一頁。

二五六　前掲、六一～六二頁。
二五七　前掲、六二頁。
二五八　イマヌエル・カント／樽井正義、池尾恭一訳『人倫の形而上学』三四三頁。
二五九　前掲、三四三～三四四頁。
二六〇　前掲、三三六頁。
二六一　*The Oxford English Dictionary*, 2nd Edition, Vol.11（Oxford University Press, 1989）p.932.
二六二　*The Oxford English Dictionary*, 2nd Edition, Vol.3（Oxford University Press, 1989）p.597.
二六三　*Ibid.*
二六四　『新英和大辞典』第六版（研究社、二〇〇二年）一八八一頁。
二六五　前掲。

結章　市場が徳に及ぼす影響

1

慎慮、節制、勇気、正義、気前、矜持、感謝、同情という八つの徳と市場との関連を見てきた。その結果をまとめてみよう。（ここから読み始める読者のために、繰り返しておくと、市場が徳に対して中立的である場合を、MV＝V　市場が徳を阻害する場合を、MV＜V　市場が徳を促進する場合を、MV＞V　とそれぞれ表記している。）

まず、慎慮と市場との関連である。市場は、第一の階梯の慎慮、快や利益のための慎慮にはなじむだろう。しかし、市場は、第二の階梯の慎慮、他の徳と結び付きより大きな徳を実現するための慎慮、にはなじみにくい。この慎慮が、勇気や正義と結び付かねばならない場合、勇気が市場に反迎合的な行動に親和性を持つ限りにおいて、また、市場が不正義に傾きやすい限りにおいて、市場になじみにくい。そう考えられるからである。

それゆえ、慎慮については、

MV＜V

節制と市場との関連。良く節制する人は、市場があってもなくても、良く節制する人だろう。良く節制しない人は、市場があってもなくても、良く節制しない人だろう。だから、市場は、節制について中立である。つまり、市場は節制になじむ。

それゆえ、節制については、

MV ＝ V

勇気と市場との関連。市場が直接に勇気を促進したり、逆に市場が直接に勇気をくじいたり、ということはたぶんない。だが、市場が勇気に中立とは言い切れない。勇気という徳は、自己犠牲を伴なうことが多い。だから、市場があるという条件下での勇気は、市場迎合的な行動よりも、反市場迎合的な行動と親和性を持つであろう。反市場迎合的な行動、自らの市場的な不利益と結び付く行動の中にこそ、市場時代に発揮されるべき勇気がありそうなのだ。市場の利益に反する行動が往々にして勇気になるのだから、市場はしばしば勇気と対抗的であると言ってよい。

それゆえ、勇気については、

MV ≦ V

正義と市場との関連。市場は合法や違法のどちらも促進しない。だからと言って市場が法や正義に中立であるかと言えば、違う。市場の取引主体の多くは、公正を持たない。公正の裏付けを欠いているので、市場での取引の正義は危ういものとなる。市場は不正義に傾きやすいのだ。取引主体が組織化すればするほど、市場の不正義への傾斜は強まるだろう、という関係も見逃せない。

それゆえ、正義については、

$$MV < V$$

気前と市場との関連。気前は、市場での取引に直接関わらない。勇気や正義のように、取引に関わる徳は、利益を求めるという取引の本質に規定されて、市場がない場合のようにはいかない。それらに対して、市場と気前は、取引での直接の関わりを持たないので、市場は気前を抑制できない。市場は、その限りにおいて、気前に中立的である。ただし、市場が、利益を追い求める人間を作り出し、不利益を避けようとする人間を作り出すのであれば、市場は気前に抑制的に働くだろう。

それゆえ、気前については、

$$MV \leqq V$$

矜持と市場との関連。市場は一方に虚栄、他方に卑屈を作り出すから、市場は矜持を損ないやすい。利害に関心を持っても、矜持は保持されうると考えるなら、この点では、市場は矜持に中立である。価値を伴なわないと矜持にならないという点では、市場は矜持を損なう。

それゆえ、矜持については、

$$MV < V$$

感謝と市場との関連。市場は、貨幣に主導権を与えることで、売買において、ものやサービスを受け取る側の感謝を劇的に減らした。売買から離れたところでは、市場は感謝に中立である。

それゆえ、感謝については、

$$MV < V$$

同情と市場との関連。同情は、市場での取引に入り込みうる徳ではないので、市場は同情に影響できない。その意味では、市場は同情に中立的である。ただし、市場が発達するほどに人間関係が薄まり、同情が発揮される機会が減る可能性はある。また、人々が市場に適応するにつれ、とかく損得に目を奪われるようになり、他者の苦悩などが目に入らなくなる、という可能性もある。

それゆえ、同情については、

$$MV \leqq V$$

八つの徳のうち、節制についてのみ、

$$MV = V$$

勇気、気前、同情については、

$$MV \leqq V$$

慎慮、正義、矜持、感謝については、

$$MV < V$$

これら八つの不等式を合計すれば、

$$MV < V$$

したがって、市場は徳を阻害する。

合計される前の不等式に、数学におけるような厳密性はないので、合計された不等式にも、厳密性はない。市場が、節制を除いて、多くの徳についてやや阻害的あるいは阻害的であるから、一般的に市場は徳について阻害的である、と言っているに過ぎない。しかし、本書としては、これで十分である。

不等式を用いていても、それは言葉の代わりに記号によることで、事態を簡明にしようとしているだけであり、数量的な把握になっているわけではない。本書で取り扱っている問題は、そもそも数量的な把握が困難な問題であるから、数量化されていないからといって、その点をもって非科学とそしられる心配はない。

ひとつ懸念されるのは、本書で取り上げた八つの徳だけで足りるのか、という点かも知れない。徳目というのは、数え上げれば、八つどころではない数になる。本書では、徳と市場との関連を考えるという課題に必要な限りで、八つの徳目を取り上げるにとどめた。

もっと多くの徳目を取り上げることも企図しないわけではなかったが、たぶん八つで足りるだろうと判断したのである。たとえば、謙虚、親切というような徳目を取り上げたらどうであろうか。市場は徳を阻害するという結論に変更はあっただろうか。なかったであろう。謙虚は矜持と、親切は感謝と、それぞれ分かち難い関連にある。矜持、感謝については検討済である。だから、たとえ、謙虚、親切の検討を加えても、市場は徳を阻害するという結論に変更はないはずである。

もちろん、何かひとつ重要な徳目についての検討を加えるだけで、結論がひっくり返るという事態も、可能性としては、ないではない。しかし、その可能性はいくぶん形式的であり、具体的には考えづらい。結論の全体をひっくり返してしまうような重要な徳目を思い付けないからである。市場が促進すると目され、かつ徳全体に波及するような徳はないだろう。

本書の検討に含まれる重大な方法論的難点は、実は以下である。徳目のひとつひとつについての市場の作用を考えるに際して、市場が徳を阻害するか否かという判定が、恣意的な恐れがあるという点である。徳の原理と市場の原理とは、言わば次元が異なるため、市場が徳に及ぼす作用は、徳の原理でも市場の原理でも説けない。

そこをどうやってつないでいるかと言えば、徳の原理と市場の原理との間に、著者である私を入れて、つないでいるわけである。徳の原理と市場の原理とをつないでいる（ように見せているだけかも知れない）私を取り去ると、本書の検討は無に帰す性格のものなのである。

徳の原理にもつたない知識と経験しか持たず、市場の原理にもつたない知識と経験しか持たない私が、二つの原理をつないでいるのだから、頼りないことこの上ない。つまり、私ではない誰かが、同じ問題を取り扱えば、結論は変わってくる可能性があるということである。

そうした可能性はあまり高くないと信じたいが、本書の方法に重大な方法論的難点があるという事実は争えない。しかし、たとえ科学性をある程度あきらめても、本書のような検討を行なわないと、市場が徳に及ぼす影響は説けないと思われたのである。本書としては、本書と同様の方法によるか、あるいはもっとましな別の方法があるならその方が望ましいが、何らかの方法によって、市場が徳に及ぼす影響についての検討が続くことを望みたい。

上記の方法論的難点は、本書での徳と市場との関連の分析に先立って、あらかじめ分かっていたことである。白桃書房版『徳と市場』第一部で詳しく述べたが、徳と市場との関連は、経済学史の難問として、長らく解決されないままできた。

いわゆるアダム・スミス問題について、『道徳感情論』の倫理の世界と、『国富論』の経済の世界と、両者の間に矛盾はないと言われるが、ふたつの世界がどうつながっているかは、必ずしも明らかでないのであった。

『道徳感情論』の世界と『国富論』の世界との関連は、アダム・スミスという属人性を取り去ると、倫理学と経済学との関連という、より一般的な問題となる。しかし、経済学と倫理学とは、次元の相違とも言うべき隔たりを挟んでおり、同一平面上であるかのごとき接続を許さない。

実際、経済学と倫理学とを、同一平面上で接続できるかのような取扱いは、成功していない。「経済学の倫理学への貢献」を標榜する試みは、無内容にとどまっている。

そこで、徳と市場との関連の分析は、これまで行なわれてきた方法によっては無理ということになる。

この困難な問題にあえて取り組むに当たり、本書が採用したのは、徳一般ではなく、勇気なら勇気、正義なら正義、という個々の徳目と、市場との関連を考えるという方法であった。

しかし、そのような方法によるとしても、徳の世界と市場の世界との大きな隔たりがなくなるわけではない。徳一般ではなく、個々の徳について考えることで、徳の世界と市場の世界との関連を考えることが容易になるのは、著者である私にとってそうだということに過ぎない。私が徳をある程度知っており、私が市場をある程度知っている、という一点が、本書の分析の心許ない支えなのである。

徳と市場とは、同じ人間が関わる領域であり、その意味では関連を持つ。ただし、その関連は、徳と市場とが人間なしに直接結ぶ関連ではない。両者の関連は、人間が徳に関わり、人間が市場に関わるという、その限りにおける関連である。だからその関連は常に動いている、個々的な関連でしかない。両者の関連は、一般的には論じられない関連なのである。

アンドレ・コント・スポンヴィルは、『資本主義に徳はあるか』において、道徳と経済は無縁だとして、次にように述べている。「第一の秩序（経済―技術―科学的秩序）のうちには、道徳的なものはなにもありません。それと同時に、文字どおり反道徳的なものもなにひとつありません。反道徳的でありうるためには、道徳的である必要があります。私たちが反道徳的でありうるのは、私たちが道徳的でありうるからなのです。降る雨は道徳的でも反道徳的でもありません。……雨は、諸法則に、さまざまな原因に、つまりは私たちの価値判断には無縁の内在的な合理性にしたがっているのです。石油やユーロの相場についても事情は同じです。それらはすこしも道徳に依存するものではなく……それらは義務には無縁です。[二六六]」

だから、市場はそれ自体、道徳的でも不道徳的でもない。道徳的だったり、不道徳的だったりするのは、市場ではなく、市場で行動する個々の人間である。そして、そうした個々の人間は、市場があってもなくても、道徳的だったり、不道徳的だったりする。だから、不道徳なのは個々の人間であり市場ではない、と言いたくなるであろう。だが、それは早計だというのが、本書の立場なのである。

アンドレ・コント・スポンヴィルもまた、徳と市場とは無縁としながらも、次のような思いを披瀝せざるをえない。「資本主義に『道徳的』と『反道徳的』という二つの形容詞のうちいずれかを必ずつけねばならないとしたら、後者のほうがはるかにふさわしく思われるのです！　しかしこれは、私の考えでは不正確な形容ではありますが（なにしろ、資本主義は非道徳的なのですから、反道徳的になるはずがありません）、資本主義を道徳的だと思いこむよりはましです！[二六七]」

大庭健氏が次のように述べている関連も、上述来の関連と、同様な関連を指していよう。「『善／悪』という区別は、どのシステムにおいてであれ、『他のようにでなく・そのように』行為する理由をめぐって、問いかけ・応答を求めあうことを誘導する……経済・教育・司法等々、いずれのシステムにおいても、システム内的には適正に遂行＝理解されている行為にかんして、その善悪が問題になりうる。経済システムにかんして言えば、システムを構成している行為の遂行＝理解は、貨幣による支払い可能性という固有の基準にもとづいて連鎖していくのであって、それらは善悪の評価とは独立している。だからこそ、経済システムは、一つの自立的システムたりえている。しかし、そうした行為の遂行＝理解のどれもが『経済的には適正・有意味だが、はたしてそうすることが善いのだろうか』という問いに開かれている。このことのリアリティなしには、経済倫理も経営のモラルも、ない。……／……衣食住をはじめ教育・医療・交通・通信等々、生活の必要の、どの部分が、どのように市場にゆだねられるのがよいかという問題も、単に経済システムとしての効率性の観点だけでなく、個々の心理システムへの作用、人―間としての相互承認のありようへの影響に即して倫理的な観点から考えねばなるまい。[二六八]」

徳と市場とは、別箇の論理を持ち、それらの論理相互は容易には接続できない。このことがおそらく、市場は徳に影響しないという、安直な見方を助長してきた。しかし、徳一般ではなく、徳目のひとつひとつについて見るなら、市場の徳への悪影響は検出できる。そこにいささかの方法論的な難点が残るとしても、市場は徳を阻害するという本書の結論にゆるぎはない。

2

ところが、市場は徳に影響しないという見方は、依然として根強い。ここでは、いくつかの例を挙げて批判を加えておきたい。

たとえば、ウイックスティードは、件の問題に関連して、次のように述べている。「経済学研究の考察から、『博愛的』ないし『利他的』な動機を締め出すという提案は、まったく不適切であり的外れである。……われわれが、他者と取引関係に入るのは、われわれの目的が利己的だからではなく、われわれが取引する他者がわれわれの目的に相対的に無関心であり、他者が（われわれと同様）他者自身の目的（われわれの側は他者の目的に相対的に無関心である）に強い関心を持つからである。……／……経済関係の特殊的性格は『利己主義（egoism）』ではなく『ノン・チュイズム（non-tuism）』なのである。[二六九]」

チュイズムという言葉は、たいていの辞書には載っていないので、意味が分かりづらい。ただ、*Oxford English Dictionary* を引くと、チュイズム（tuism）の項には、「**primary regard to the interest of another person or persons**〈他者ないし他者たちの利害への重要な配慮〉[二七〇]」とある。そして、利己主義（egoism）の反対語との注記がある。それゆえ、差し当たり、チュイズムとは、利他主義の一種と受け取っておけばよいだろう。

だから、ウイックスティードが言う「ノン・チュイズム」とは、非利他主義ということになる。それは利己主義ではないのか。もちろん、利己主義であるなら、「ノン・チュイズム」などと、分かりづらい言葉による必要はないだろう。利己主義と言わずに、非利他主義と言うのは、利他主義ではないけれど、文字通りの利己主義ではない、というニュアンスを込めたいからであろう。つまり、ノン・チュイズムという言葉によるのは、市場の取引主体は利他主義という徳を目指さないが、利己主義という不徳を目指すものでもない、と言いたいのである。

ウイックスティードは、こういう言い方もしている。「彼〈取引する平均的な人間〉は、チェスやクリケットのゲームを戦う人間とちょうど同じ状態にある。彼は彼のゲームのことしか考えていない。チェスのゲームにおいて、キング駒を防御することをもって、彼を利己的呼ばわりしたり、彼がそうするのは純粋に利己的な動機に駆り立てられてのことだと言ったりするのは、不合理だろう。[二七一]」

チェスに明るくないので、将棋に置き換えて考えてみよう。いわゆる「へぼ将棋」のレベルであっても、二歩禁のような反則は通らないだろう。しかし、打歩詰めのような反則は、相手が知らなければ通ってしまう。だから、相手が知らないことを前提に、わざと打歩詰めの手を指して、勝ったことにすることはできなくない。さらに、「へぼ将棋」のレベルなら、相手が席を立ったすきに、局面を動かしても、たぶん相手は気付かない。明らかに反則なのだが、その場は通ってしまう可能性があるのだ。市場というのは、そういうものではないだろうか。つまり、純粋なゲームになぞらえてみても、市場は、利己的な行動をなしうる場なのである。

「へぼ将棋」ではないプロの対局の場合は、記録係がつくので、あからさまな反則は行なえない。アマチュアの大会などでも、双方の棋力が高ければ、同様であろう。しかし、相手が嫌がりそうな音を立てたりして相手の思考を攪乱させるなど、「盤外作戦」の余地がないわけではない。見苦しいことなので、実際にそこまではしないとしても、一生一番の大勝負であるなら、そこまでして勝てるものならそこまでして勝ちたい、と思うのが人間であろう。だから、タイトル戦などプロの大きな対局には立ち会い人というものがついて、一般的なルールで処理し難い事態に対応する仕組みになっている。市場の場合も、証券取引市場など、プロが主役の市場では、細かなルールが必要になっているわけである。

反則の話から離れよう。チェスでも将棋でも、相手が悪手を指さないで、善手を連発してくるとすると、相手以上の善手を繰り出さなければ勝てない。そこら辺が、技量の差として結果に表われるわけである。これは、市場の取引とは大いに異なる。市場の取引では、たとえば価格をめぐって双方の言い分が真っ向から衝突すれば、取引不成立となる。そこで、双方が歩み寄って、妥協することで取引が成立するわけである。つまり、市場では、利己的であるのは当然としても、利己的一辺倒ではかえって市場から利益を引き出せないという面がある。チェスや将棋では、そうではない。自分が強ければ、妥協などせず、勝利という利益を引き出せるのである。

それゆえ、ウイックスティードが、市場での取引をチェスなどのゲームになぞらえるのは、あまり適切とは思われない。ウイックスティードが言いたいのは、おそらく、市場での取引主体が、利益を目指してあれこれ策をめぐらすことを、チェスなどのゲームのプレイヤーが、勝とうとしてあれこれ頭をめぐらすことになぞらえ、どちらも罪がない行為だ、ということだろう。チェスの作戦は、確かに罪がないかも知れない。しかし、市場での作戦は、ケース・バイ・ケースであろう。

チェスなどゲームの話からも離れよう。ウイックスティードが言うように、利己的でなくても市場に参加しうるのは事実である。しかし、それは、市場参加者全員が非利己主義者であるということではない。だから、市場参加者全員が「ノン・チュイズム」の人である保証はない。さらに、市場に参加し続ける経験が、当初利己的でなかった人を利己的に変える可能性も、ウイックスティードには考えられていない。

ウイックスティードの場合も、徳を個々の徳目に分けて具体的に考えないために、市場参加者が必ずしも利己主義でないという点が、市場すなわち非利己的という結論に短絡してしまうように思われる。

ハイエクは、市場で取引主体が立脚するのは、利己主義ではなく個人主義であるとして、次のように述べる。「個人主義は人間の利己心を是認し、助長するものであると信じることは、かくも多くの人びとが個人主義を嫌う主要な理由の一つである……十八世紀の偉大な著述家たちの用語法においては、個人主義とは人間の『自己愛』であり、あるいは『利己的関心』とさえいえるものであった……しかしながら、これらの用語は、自分自身の目前の必要にのみ関心をもつ狭い意味における自己中心主義を意味したものではない。人びとがそれのみを気にかけているとされる『自己』は、当然のことながらその家族、友人をも含むのである[二七二]。」

ハイエクの場合も、利己主義を個人主義と言い換え、さらに個人主義という言葉から利己主義の要素をいくぶん抜き去ることで、市場は利己主義者が跳梁する場ではない、と言いたいわけである。確かに、市場参加者が目指す利益は、唯一我ひとりの利益ではないかも知れない。だが、そのことは、市場参加者の中に、利己的度合いの低い人が混じる可能性を示すにとどまる。全員が利己主義者ではないかも知れない、ということでしかない。それは、利己主義がはびこることの反証にはならないし、市場が徳を阻害しないことの証明にはとうていならない。

ハイエクの場合は、社会主義への嫌悪がまず前提にあって、そこから市場を擁護せなばならないとなり、だから市場の取引主体の利己性を弁護する必要がある、ということになっているようだ。

ミーゼスの場合も、ハイエク同様、社会主義への嫌悪が前提にあるようだ。そのミーゼスは、こう言う。「すべての人が第一に自分自身のために生き、生きようとすることは、社会生活を乱さず、社会生活を促進する。それは、個人の生活のより高度な満足が、社会の中でのみ、社会を通じてのみ、可能だからである。このことが、利己主義（egoism）が社会の基礎法則だという教理の本当の意味なのである。[二七三]」

ここでは、利己主義という言葉は言い換えられていない。むしろ高らかに、利己主義こそ社会を発展させ、個人を幸福にする原動力だと述べているのである。だが、その発言にも留保が必要だろう。市場で発揮される利己主義は、ときに人を害し、ときに徳に反する。それを見ないことにしておいて、利己主義を称揚するのは、重大な片手落ちである。

ルーカスもまた、市場参加者がもっぱら利己主義ではないとして、こう言う。「医者と患者、小売り商と卸売り商、製造業者と部品業者は、継続的な結び付きを持つ。彼らは互いに絶対的依存関係にはない。彼らは、正当な理由があれば、あるいは十分な告知の後であれば、彼らの顧客を解約できる。しかし、医者が、気が進まないという理由で、彼の患者を診察しないのは不正であるのと同じく、高い料金の特別の往診に突然応じてしまうというのも不正であろう。継続的な関係がなくとも、普通のサービスに対して、たまたま切羽詰まった必要に迫られた顧客に法外な要求をするのは、非難されるべきだとわれわれは考える。たとえば、危篤の母親に会いに行く運転者にガソリン一ガロン一〇〇ドルの給油代を要求するような場合である。[二七四]」

確かに、高料金の往診依頼をたまたま聞いて、既に待合室にいる患者を断るような医者は、あまりいないかも知れない。しかし、高料金が恒常的に発生するような往診依頼先がたくさんあれば、通常の診察をやめたり減らしたりする医者は、大勢いるのではないか。条件次第であろう。危篤の母親に会いに行く人に、高いガソリンを売りつける悪徳商人はいないかも知れないが、ガソリン不足が慢性的な地域に高いガソリンを売りつける目利き商人はいるだろう。これも条件次第なのである。

つまり、市場にいる人々は、大いに利己的だったり、少しだけ利己的だったり、色々でありうる。しかし、市場そのものには、大いに利己的な人を排除したり、大いに利己的な人の利己度合いを引き下げたりする、言わば市場を道徳化する機能はない。むしろ、市場では、大いに利己的な人ほど大きな利益に恵まれやすいから、市場が助長するのは、利己度合いの引き上げであろう。それは、市場の不道徳化である。

ルーカスは、市場参加者がもっぱら利己的ではないという含みは、経済学にも反映されるべきだとして、次のように言う。「経済学ではしばしば、同時に二つの音色を持つように、語る必要がある。われわれは人間の欠陥というものを重大に受け止めねばならない。そして、人間（統治者、裁判官、実業家、下級官吏）はしばしば利己的であり、ときには全く悪いという事実を認めねばならない。だからわれわれは、悪い実業家との関係を絶てることができるよう、規則違反者を処罰したり、彼らが一線を越えるとしたら、ときには規則を棚上げすることができるよう、厳しく素早い判断を断固する必要がある。しかしながら、われわれはまた、人間の良心を重大に受け止めねばならない。われわれは、善意の人に、盗賊団の一味とみなされることを拒否する人に、語り掛ける必要があるのだ。[二七五]」

ルーカスの述べることは、それ自体が間違っているわけではない。繰り返しになりそうだが、市場には色々な人がいて、道徳的だったり不道徳だったりする。問題は、市場が人々の道徳性にどのような影響を及ぼすかである。市場参加者の一部が道徳的にふるまうからと言って、それは市場が道徳的だとか、市場が道徳に影響しないとか、そういう市場擁護の理由にはならない。

市場が徳に影響しないと考えたい論者は多いが、彼らがそう考える根拠は、薄弱でしかない。彼らはなべて、市場に対して徳一般を対置させており、そのことが問題を分かりにくくしている。徳一般というあいまいなレベルで考えているから、市場を擁護したいという願望に引きずられて、根拠薄弱な結論を導いてしまうのである。

市場が道徳的かどうか、という問題の立て方では何もつかめない。市場には道徳も不道徳もある。考えるべき問題は、市場は徳を促進するのか阻害するのか、という問題である。この問題は、徳一般というレベルで考えている限り、解明できない問題なのである。

《注》

二六六　アンドレ・コント・スポンヴィル／小須田健、コリーヌ・カンタン訳『資本主義に徳はあるか』（紀伊国屋書店、二〇〇六年）九三〜九四頁。

二六七　前掲、一〇八頁。

二六八　大庭健『所有という神話——市場経済の倫理学——』（岩波書店、二〇〇四年）五五〜五六頁。

二六九　Philip H. Wicksteed, *The Common Sense of Political Economy* (London, 1933) pp.179-180.

二七〇　*The Oxford English Dictionary,* 2nd Edition, Vol.18（Oxford University Press, 1989）p.657.

二七一　Wicksteed, *op. cit.*, p.181.

二七二　フリードリヒ・ハイエク／嘉治元郎、嘉治佐代訳『個人主義と経済秩序』（『ハイエク全集』第Ⅰ期第三巻、春秋社、一九九〇年）一六～一七頁。

二七三　Ludwig von Mises, *Socialism; An Economic and Sociological Analysis*（Indianapolis, 1981）p.361.

二七四　J. R. Lucas, "Liberty, Morality, and Justice", Robert L. Cunningham（ed.）, *Liberty and the Rule of Law*（Texas A&M University Press, 1979）p.156.

二七五　*Ibid.*, p.166.

〈著者紹介〉
折原　裕（おりはら　ゆたか）
1951 年愛知県生まれ
愛知大学哲学科卒業、武蔵大学大学院修了（経済学博士）
現在、敬愛大学名誉教授

徳と市場〈普及版〉

2019年 11月　4日初版第1刷印刷
2019年 11月 10日初版第1刷発行
著　者　折原　裕
発行者　百瀬精一
発行所　鳥影社（www.choeisha.com）
〒160-0023 東京都新宿区西新宿3-5-12 トーカン新宿7F
電話 03(5948)6470, FAX 03(5948)6471
〒392-0012 長野県諏訪市四賀 229-1（本社・編集室）
電話 0266(53)2903, FAX 0266(58)6771
印刷・製本　モリモト印刷

ISBN978-4-86265-767-1　C0033

定価（本体 1000円+税）

乱丁・落丁はお取り替えします。